物流岗位操作实务

商品堆码与理货技术

王爱霞　主编

中国物资出版社

图书在版编目（CIP）数据

商品堆码与理货技术/王爱霞主编．—北京：中国物资出版社，2011.3

（物流岗位操作实务）

ISBN 978-7-5047-3649-9

Ⅰ.①商… Ⅱ.①王… Ⅲ.①商品—货场—物资管理 Ⅳ.①F251

中国版本图书馆CIP数据核字（2011）第022971号

策划编辑 张 茜

责任编辑 张 茜

责任印制 何崇杭

责任校对 孙会香 杨小静

中国物资出版社出版发行

网址：http://www.clph.cn

社址：北京市西城区月坛北街25号

电话：（010）68589540 邮政编码：100834

全国新华书店经销

三河市西华印务有限公司印刷

开本：710mm×1000mm 1/16 印张：8 字数：152千字

2011年3月第1版 2011年3月第1次印刷

书号：ISBN 978-7-5047-3649-9/F·1486

印数：0001—3000册

定价：16.00元

前　　言

商品堆码与理货技术是物流岗位操作实务中的重要内容，商品堆码与理货技术的正确及合理性，直接影响到整个物流系统的顺畅运转和物流效率，体现物流作业的专业性。因此，本书以商品堆码与理货技术为研究方向进行编写。

本书编写重在实际操作，理论部分侧重基础知识，以应用为目的，以必需、够用为原则，力求突出“理论够用、重在实操”和“简单明了、方便实用”的特色，因此本书内容具有较强的应用性和针对性。本书图文并茂，以利于读者对商品堆码与理货技术知识的理解与掌握。通过学习本书，读者将了解商品堆码与理货技术的基本理论和基本操作，掌握各种商品堆码与理货作业的方法、技术和操作，为今后的工作实践打下良好基础，在激烈的竞争中能处于有利地位。

在编写过程中，结合我国商品堆码与理货技术的实际情况，阐述了商品堆码与理货技术的基本理论和基本技能。其主要内容为：上篇为理论篇，主要介绍了商品堆码与理货的基础知识；下篇为操作篇，主要介绍了商品堆码与理货的基本作业和操作技术。

本书面向的读者应具有初中以上文化水平，因此，本书既适合作为中等职业学校和高职院校物流及相关专业的授课教材，也可作为物流企业新进人员关于商品堆码与理货作业的培训教材。

本书由王爱霞主编，张宝起、刘艳起、左维元参与编写。全书由王爱霞总纂定稿。

本书编写过程中，参考了大量的相关文献资料，借鉴和吸收了国内外众多学者的研究成果，在此向各位表示衷心的感谢。特别感谢北京络捷斯特科技发展有限公司给予的技术支持。

由于编者水平所限，书中难免存在疏漏和不足之处，恳请专家和读者批评指正。

编 者

2011 年 2 月

目　录

上篇　理论篇

下篇 操作篇

上　篇

理论篇

第一章　商品知识

学习目标

通过本章学习，了解商品和商品分类的原则、作用，掌握商品鉴别的方法、防伪鉴别，商品防损的方法、防损控制与处理。

商品是在社会发展的过程中产生的。其概念随着社会历史的发展而不断发展。因此，人们对商品的认识也就随着社会历史的发展而不断深入。狭义的商品仅指符合定义的有形产品；广义的商品除了可以是有形的产品外，还可以是无形的服务。如“保险产品”、“金融产品”等。实物商品包含三个层次：核心商品（服务能力、有用性）、有形商品（商品体、载体、商品外在形式）、无形商品（附加商品、附加利益和服务）。在商标法事务中，适用于狭义的商品有关的规定，也同样适用于服务。

第一节　商品的分类及标志

一、商品分类的概念

商品种类繁多，据不完全统计，在市场上流通的商品有 25 万种以上。为了方便消费者购买，有利于商业部门组织商品流通，提高企业经营管理水平，须对众多的商品进行科学分类。

商品分类是指为了一定目的，选择适当的分类标志，将商品集合，总体科学地、系统地逐级划分为门类、大类、中类、小类、品类以至品种、花色、规格的过程。

通过商品分类，可以将成千上万种在生产、交换、流通中的商品，应用科学的方法进行条理化、系统化，以实现商品使用的合理化和流通管理的现代化。因此，商品分类对发展生产，促进流通，满足消费，提高现代管理水平等有着重要作用。

在不同的时期，商品的范围、分类对象并不完全相同。因此，商品分类的层次也不一样。目前，通常将商品分成大类、品类、品种、细目四个类目层次。

（一）商品分类按级别划分

1. 门类

门类是按国民经济行业共性对商品总的分门别类，属最高类别，我国商品分23个门类。

2. 大类

大类是按商品生产和流通中领域的大行业来划分的，我国商品在门类的基础上分88个大类，如五金类、交电类、日用百货类、钟表类、针纺织品类、印刷品类等。

3. 中类

即商品种类，也称商品品类或品目，是按中、小行业或“专业”划分若干具有共同性质或特征的商品总称，包括若干商品品种。如针棉织品、塑料制品、橡胶制品等。

4. 小类

小类是根据商品的某些特点和性质进一步划分的。如针棉织品又可分为针织内衣类、针织外衣类、羊毛衫类等。

5. 品类

品类是具有若干共同特征的多个商品品种的总称。

（二）商品分类按性质、成分划分

是指具体商品的名称，如西服、洗衣机、皮鞋、啤酒等品种。

（三）商品分类按细目划分

是对商品品种、规格、花色、质量等级的详细区分，包括商品的花色、规格、品级等，如180/112A型男西服、23号女式高跟皮鞋等，可以具体反映商品的特征，如下表所示。

商品分类的类目及其应用实例

商品类目名称	应用实例	
商品大类	食　品	日用工业品
商品中类	食　粮	家用化学品
商品小类	乳及乳制品	洗涤用品
商品品类	奶	肥　皂
商品品种	全脂饮用牛奶	茉莉香型香皂

二、商品分类的依据

商品分类依据是分类的基础，商品的用途、原材料、生产方法、化学成分、使用状态等是这些商品最本质的属性和特征，是商品分类中最常用的分类依据。

（一）按商品用途分类

一切商品都是为了满足社会上的一定用途而生产的，因此，商品的用途是体现商品使用价值的标志，也是探讨商品质量的重要依据，被广泛应用于商品的研究、开发和流通。该分类依据不仅适合对商品大类的划分，而且适用于商品种类、品种的进一步详细划分。

按商品用途分类，便于比较相同用途的各种商品的质量水平和产销情况、性能特点、效用，能促使生产者提高质量、增加品种，并方便消费者对比选购，有利于生产、销售和消费的有机衔接，但这种方法对储运部门和有多用途的商品不适用。

（二）按商品原材料分类

原材料是决定商品质量和性能的重要因素，原材料的种类和质量不同，成分、性质、结构也会不同，从而使商品具有截然不同的特征。选择以原材料为标志的分类方法是商品的重要分类方法之一。此方法适用原材料来源较多且对商品性能起决定作用的商品。如图 1－1 所示纺织品按原材料进行分类。

以原料为标志分类的优点很多。它分类清楚，还能从本质上反映出各类商品的性能、特点，为确定销售、运输、储存条件提供依据，有利于保证商品流通中的质量，但对那些用多种原材料组成的商品，如汽车、电视机、洗衣机、电冰箱等，不宜用原材料作为分类标志。

图 1-1　纺织品分类

（三）按商品生产方法分类

很多商品即便采用相同的原材料，由于生产方法不同，也会具有不同的质量特征，从而形成不同的品种，如图 1-2 所示茶叶分类。

按生产方法分类，特别适用于原料相同但可选用多种工艺生产的商品，因为生产方法、工艺不同，突出了商品的个性，有利于销售和工艺的革新。对于虽生产方法有差别但商品性能、特征没实质性区别的商品不宜采用，如平板玻璃用浮法或垂直引上法区分较好。

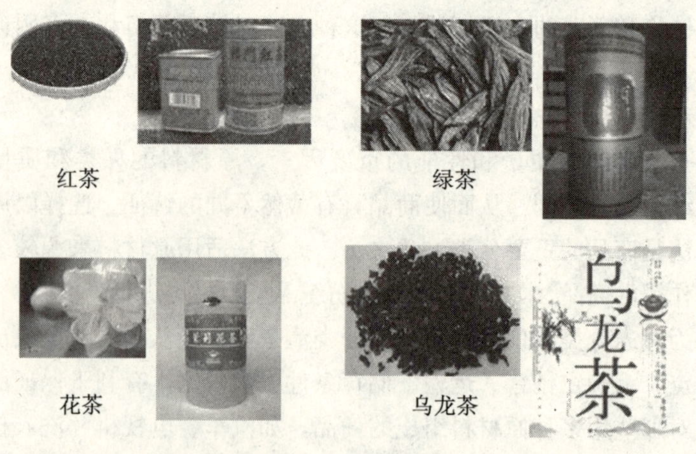

图 1-2　茶叶分类

（四）按商品的化学成分分类

由于商品中所含化学成分、种类和数量对商品质量、性能、用途等有着决定性的或密切的影响，故按化学成分的分类方法便于研究和了解商品的质量、特性、用途、效用和储存条件，是研究商品使用价值的重要分类方法。

有些商品主要成分虽然相同，但由于含有某种特殊成分，而使商品的质量、性能和用途完全不同。因此，商品的特殊成分也可用做分类的标志。如合金钢，主要的成分为铁，但由于合金元素种类不同，使之用途、性质不同。如图1－3所示化肥、玻璃的分类。

按商品的化学成分分类能反映商品的本质特性，对于深入研究商品的特性、保管和使用方法以及开发新品种满足不同消费者的需要等具有重要意义，但对化学成分复杂的商品（如水果、蔬菜、粮食等）或化学成分区分不明显的商品（如家用电器等）则不适用。

（a）化肥的分类

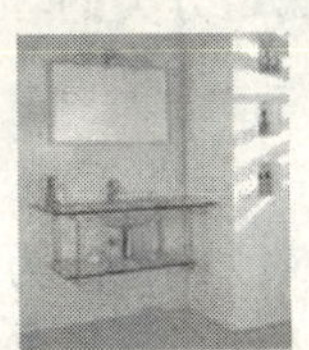

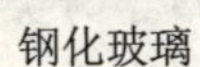
钢化玻璃

耐高温的钾玻璃

（b）玻璃的分类

图1－3　化肥分类与玻璃分类

（五）按其他特征分类

除上述几种分类外，商品的形状、结构、尺寸、颜色、重量、产地、产季等均可作为分类的标志。这些分类标志更容易为消费者接受，其特点是概念清楚、形象直观、特征具体、通俗易记、便于区别。如图 1－4 所示钢材按形状进行分类。

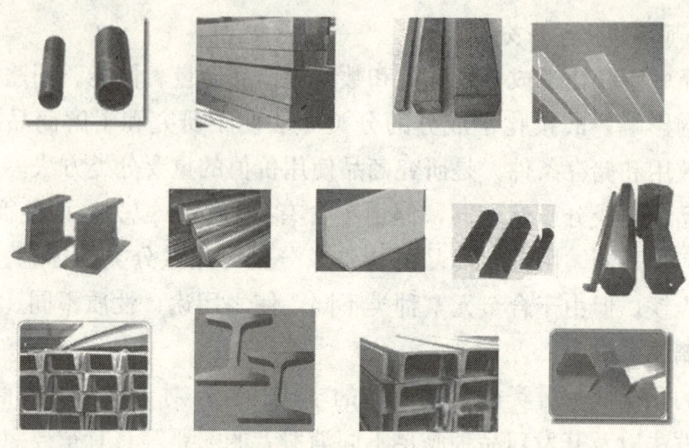

图 1－4　钢材分类

三、商品分类的基本原则

为了实现商品的科学分类，使商品分类能够满足特定的需要，分类时必须遵循以下原则：

（一）科学性原则

商品分类的科学性，是指商品在分类中所选择的标志，必须能反映商品的本质特征并具有明显的区别功能和稳定性，以满足分类的客观要求，发挥分类的作用。科学性是分类的基本前提。

（二）系统性原则

商品分类的系统性，是指以选定的商品属性或特征为依据，将商品总体按一定的排列顺序予以系统化，并形成一个合理的科学分类系统。商品总体分成若干门类后，门类分为若干大类，大类分为若干中类，中类分为若干小类，直至分为品种、规格、花色等。系统性是商品分类的关键。

（三）实用性原则

商品分类首先应满足国家总政策、总规划的要求，同时，应充分满足生产、流通及消费的需要。因此，商品分类应尽最大努力结合各部门、各系统、各行业、各企业及消费者的实际，满足各方面的需要。实用性是检验商品分类的实践标准。

（四）可扩展性原则

可扩展性又称后备性原则，即进行商品分类要事先设置足够的收容类目，以保证新产品出现时不至于打乱已建立的原有的分类体系和结构，同时，为下级部

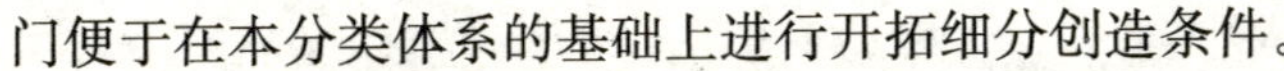

门便于在本分类体系的基础上进行开拓细分创造条件。

（五）兼容性原则

商品分类要与国家政策和相关标准协调一致，又可与原有的商品分类保持连续性和可转换性，以便进行历史资料对比。

（六）唯一性原则

商品分类体系中的每一个分类层次只能对应一个分类标志，以免产生子项互不相容的逻辑混乱。

具体应坚持以下几点：

①必须明确要分类的商品所包括的范围。

②必须提出商品分类的明确目的，商品分类要从有利于商品生产、销售、经营习惯出发，最大限度地方便消费者的需要，并保持商品分类的科学性。

③选择的分类标志要适当。

④应具有科学的系统性。

四、商品分类的作用

商品分类是将千万种商品在商品生产与交换中实现科学化、系统化管理的重要手段，必然对发展生产、促进流通、满足消费以及提高现代化管理水平和企业效益起重要作用。具体表现在以下几个方面：

第一，只有将商品统一分类后，才有可能将研究对象从每一个商品的个性特征归结为每类商品的特征。掌握了每类商品的共同特征，才能深入地分析商品的质量变化规律，才能为提高商品质量和合理使用、储存与运输商品创造条件。

第二，将商品统一分类后，有利于确切地掌握商品的生产和销售情况，为商品管理业务创造条件，从而使商品的业务、计划、统计、会计核算等工作顺利进行。

第三，商品科学分类是编制商品目录的基础。将商品科学分类，才能使编制的商品目录有条理，层次分明，眉目清晰。

第四，将商品进行科学分类，是实现现代化管理的前提和必备手段，对建立统一的经济信息自动化系统，提供信息交流的共同语言，促进经贸活动的发展，肩负重大的历史使命。

第五，商品分类有利于在一定范围内使商品名称、类别统一化，便于有秩序的商品市场供给，从而便于消费者和用户的选购。

第二节　商品鉴别

一、商品质量检验方法

商品质量检验方法，根据检验原理、条件、设备的不同，可分为五大类，即感官检验法、物理检验法、化学检验法、微生物检验法和产品试验法。

（一）感官检验法

感官检验法是一种很重要的检验手段。这是由于目前一些产品的质量特性还不能用仪器来进行，只能靠人体的感觉器官检验，即通过视觉、听觉、味觉、嗅觉、触觉检验法来进行检验。如家用电器中洗衣机、电冰箱、空调机的电机噪声和杂音，机器外壳的外观，电视机、录像机的影像和伴音，自行车零部件缺陷、锈蚀、表面粗糙度等外观质量；纺织品的水分、色泽，面料的疵点、污染、缺陷、颜色、色调和手感；食用油的透明度、颜色、气味，医药制品的色、味、黏度、干湿度，针剂注射的疼痛感等；粮食的外观、干湿度、夹杂物、新鲜程度；酒类的品尝，烹调制品的色、香、味；罐头食品的外观、味道、保鲜程度等。

（二）物理检验法

物理检验法是指对商品的物理量及其在力、电、声、光、热的作用下所表现的物理性能和机械性能的检验，要通过仪器测量进行。物理检验可分为三类：第一类是几何量检验。商品的几何量指商品的长、宽、高、内外径、角度、形状、表面粗糙度等。第二类是物理量检验。商品的物理量指标有重量、密度、细度、黏度、熔点、沸点、导热、导电、磁性、吸水率、胀缩性、电阻、功率、电流、电压、频率等。第三类是机械性能检验。商品的机械性能检验内容很广泛，如抗拉强度、抗压强度、抗剪切强度、抗冲击强度、硬度、弹性、韧性、脆性、塑性、伸长率、应力、应变、最大负荷、耐磨性等。

（三）化学检验法

化学检验法又称化学分析法。商品的某些特性要通过化学反应才能显示出来，这种性质称为化学性质。采用化学分析法和仪器分析法能够检测其化学性质。化学分析法又分为定性分析和定量分析，定量分析中又可分为重量分析和容量分析。此外，还有仪器分析法。仪器分析法可分为光学分析和电化学分析，是通过检验试样溶液的光学和电化学性质等物理或物理化学性质而求出待测物组分含量的方法。光学分析法包括了比色分析法、比浊分析法、分光光度法、发射光谱分析法、原子吸收光谱分析法和荧光分析法等。气相色谱法在名酒鉴别中有重要的作用，操作时使用气相色谱仪将被分析样品（气体或液体气化后的蒸汽）在流速保持一定的惰性气体带动下进入填充有固定相的色谱柱，在色谱柱中样品被分离为一个个单一组分，并以一定先后次序从色谱柱中流入检测器，转变为电信号，再经放大后，用记录器记录，在记录纸上得到一组色谱峰，根据色谱峰峰高或峰面积就可定量测定样品中各个组分含量。可参见名酒鉴别中色谱分析图。

（四）微生物检验法

微生物检验法是对部分商品（主要是直接入口的商品）细菌污染的定性或定量检验，通常也称卫生检验。目前，我国对食品（如肉及肉制品、乳及乳制品、蛋品、水产、清凉饮料、罐头、糕点、调味品、蔬菜、瓜果、豆制品、酒类等）、饮用水、口服及外用药品、化妆品及需灭菌的商品均规定了卫生标准，以严格控制细菌污染，防止各种有害的病原微生物侵入身体而直接危害广大消费者的人身健康。微生物常规检验项目包括细菌总数测定、霉菌总数测定、大肠菌群的检验、肠道致病菌的检验、化脓性细菌的检验、食物中毒菌的检验、破伤风厌氧菌的检验、活螨虫及螨虫卵的试验等。

（五）产品试验法

产品试验法是根据产品标准进行试验的方法。产品标准是为保证产品适用性，规定对一个或一类产品应符合的技术要求。产品标准中规定的每项技术要求，根据可检验性原则都要规定相应的试验方法。一般产品试验分为四种：

1. 型式试验

型式试验是验证产品符合一项技术规范（如质量水平、性能、安全要求、环境条件等）适用于其的试验。

在早期的产品标准中型式试验又称环境试验，即商品在自然环境中用人工模拟的工作条件进行试验。为缩短试验时间，尽快取得结果，在摸清环境对产品影响规律的基础上，采用强化或加速的人工模拟试验方法。一种产品需进行哪些项目环境试验及其严酷程度，取决于产品的使用条件及可靠性要求，在产品标准的型式试验项目表中都作出了规定。环境试验方法有高低温试验、温度冲击试验、耐潮及防腐试验、防霉试验、防尘试验、密封试验、振动试验、冲击和碰撞试验、运输试验、恒加速试验、寿命（耐久性）试验等。

2. 常规试验

常规试验又称出厂试验。检查产品材料和加工的质量缺陷，并检测产品固有性能，常包括功能试验和安全试验项目。

3. 抽样试验

在有关产品标准中有此项要求时进行，试验同样是用来验证产品规定的性能和特性。这些要求可由制造厂提出或由制造厂与用户协商。

4. 特殊试验

可根据有关产品标准及制造厂与用户协议进行，以满足市场对产品的多样化需求。

对于假冒伪劣商品的鉴别，一般消费者和基层经销单位限于条件，通常只能采用直观的感官检验方法，这部分内容是本书讲述的重点，同时，也介绍一些简单易行的物理和化学检验方法，以及一些容易操作的简单仪器和仪表或专用设备，以弥补感官检验方法的不足。

二、假冒伪劣商品鉴别的一般方法和防伪标签

（一）假冒伪劣商品

1. 假冒商品

商品在制造时，逼真地模仿别人的产品外形，或未经授权，对已受知识产权保护的产品进行复制和销售，借以冒充别人的产品。在当前市场上主要表现为冒用、伪造他人商标、标志；冒用他人特有的名称、包装、装潢、厂名厂址；冒用优质产品质量认证标志，伪造产品产地和生产许可证标志的产品。

2. 伪劣商品

伪劣商品是指生产、经销的商品，违反了我国现行法律、行政法规的规定，其质量、性能指标达不到我国已发布的国家标准、行业标准及地方标准所规定的要求，甚至是无标生产的产品。

《中华人民共和国产品质量法》（以下简称《产品质量法》）第五条规定：禁止伪造或者冒用认证标志等质量标志；禁止伪造产品的产地，伪造或者冒用他人的厂名、厂址；禁止在生产、销售的产品中掺杂、掺假，以假充真，以次充好。

对于被冒用最多的电工产品和家用电器产品安全认证标志（又称为CCEE绿色长城标志）图案和标志规格。

国家质量技术监督局于2000年7月24日发布了《产品免于质量监督检查工作实施细则》，推出了免检证书与免检标志。为了避免对产品质量可靠、有一定生产规模、产品涉及民族工业和支柱产业、有利于引导扩大内需消费的产品生产企业重复检查，减轻其负担，确定电视机、电冰箱、洗衣机、空调器、建筑用螺

纹钢筋、水泥、尿素和鞋类列入首批免检产品目录。凡获得免检的产品自获准免检之日起三年内，在全国范围内免于各种形式、各个部门、各个方面在生产和流通领域实施的各种形式的产品质量监督检查。

国家免检产品标志属于质量标志。表明该企业产品经省以上或国家抽查连续三次都合格，两年内未出现不合格情况，并符合国家质量、标准、计量、环保、节能等法律法规要求和国家产业政策规定。获得免检证书的企业在免检有效期内，可以自愿将免检标志标示在获准免检的产品或者其铭牌、包装物、信用说明书、质量合格证上。

为提高免检工作权威性，只进行国家级免检。免检标志基调为白色，外圆及中心图形为蓝色，字及字母为黑色。免检标志尺寸以标志外圆半径 R 为基础，以 R 的相应比例确定标志上其他各部位的尺寸。

（二）假冒伪劣商品主要鉴别方法

1. 对商品商标标志及其包装、装潢等特殊标志真伪进行鉴别

（1）认明商标标志

名优商品一般使用注册商标，在包装上印有商标标志及“注册”或“R”字样。消费者在购买商品时，应养成注意观察商品注册商标的习惯。

（2）注意包装印刷质量

一般说来，名优商品包装用料比较考究，包装装潢图案印刷清晰，形象逼真，色彩适宜，且牢固程度较高；而假冒伪劣商品由于使用的多为废次商标标志或自行手工印刷的标志，容易存在颜色不正、图形走样、图案模糊、封口处不整齐、装订粘贴歪斜等现象。

（3）注意包装上的说明

名优商品（包括进口优质商品）均会按规定在包装上标明品名、厂名、厂址、规格、型号、成分、净重、出厂日期等内容，优质商品的生产者是不会也不必向消费者隐瞒自己的情况的；而假冒伪劣商品的制造商则常常有意躲避，不标明上述内容，最常见的是没有厂名、厂址或只有“中国制造”等字样。

（4）注意选择购物场所

正规大中型商业企业，一般有较为严格、规范的进货管理制度，且比较注意商誉，在这里买到假冒伪劣商品的可能性较小，出了问题也容易得到及时解决。

2. 通过感官品评或其他简易手段进行鉴别

所谓的感官品评，就是以“人”为工具，利用科学客观的方法，借着人的眼睛、鼻子、嘴巴、手及耳朵，也就是视、嗅、味、触、听五种感觉系统，并结合

心理、生理、物理、化学及统计学等学科，对商品进行测量、分析和解释，以了解人类对这些产品的感受或喜欢程度，并测知产品本身质量的特性。

感官品评技术可广泛应用于食品业、化妆品业、纺织业等领域。当今时代已是消费者导向的时代，因此，感官品评技术逐渐成为企业组织找寻目标产品的一项必要工具，也是提升企业整体竞争力的工具之一。感官品评在企业组织中的应用可包括：新产品开发、原料或配方重组、产品改进、产品定位与竞争、工艺或包材改善、消费者市场调查与质量保证等方面。

感官品评目前在国内的应用主要有食品加工、香精香料、酒、茶叶、农产品或畜产品、中药药材等，其中，以食品加工应用最多。

3. 按照国家标准对商品理化、卫生等各项指标进行检测

是利用物理的、化学的技术手段，采用理化检验用计量器具、仪器仪表和测试设备或化学物质和试验方法，对产品进行检验而获取检验结果的检验方法。

4. 其他方法

利用本部门的专业特长，特别是长期实践积累的经验，对本企业或行业生产或经销的商品进行鉴别。

（三）鉴别要点

1. 认准商标标志

商标是商品的标记。假冒伪劣商品一般都是假冒名优商品。我国名优商品都使用经国家工商行政管理局商标局登记注册的商标。在印刷时，在商标标志周围加上标记："注册商标"、"注"或"®"；其中"®"为国际通用。假冒名优商品在外包装上多数没有商标标志和"注册商标"、"注"或"®"等字样。真品商标为正规厂家印制，商标纸质好，印刷美观，精细考究，文字图案清晰，色泽鲜艳、纯正、光亮，烫金精细；而假冒商标是仿印真品商标，由于机器设备、印刷技术差，与真品商标相比，往往纸质较差，印刷粗糙，线条、花纹、笔画模糊，套色不正，光泽差，色调不分明，图案、造型不协调，版面不洁，无防伪标记。

已注册的商标应由公安部门所属特种行业管理的正规印刷厂印制，而假冒商标一般出自不正当渠道，这些渠道不正规的印刷技术会使所印商标上出现许多疵点特征。可以通过检验商标上是否有这些疵点特征来确定其真伪。

假冒商标的印刷疵点特征有：

（1）墨稿疵点特征

字体不正、笔画偏粗、间隔不均、字迹不清晰、笔画不流畅，图案细节被省略或很粗糙，花纹粗细不一，该圆滑处不圆滑，边线棱角不明显。

(2) 制版疵点特征

印刷版周边有缺损，不光滑，版与版之间有差异，字迹变粗，笔画连接不清晰，粗细不均。

(3) 印刷疵点特征

多色图案花纹衔接不好，版面拼接处不连贯或重叠部分过多、过少，商标边缘颜色有外溢，该印的地方没有印到。

(4) 模切疵点特征

切边处有未切断的纤维，切边与商标边缘没有共同的起伏，切边处有缺损，不圆滑。

2. 查看商品标志

根据《产品质量法》第二十七条，产品或其包装上的标志必须真实并符合下列要求：

①有产品质量检验合格证明。

②有中文标明的产品名称、生产厂厂名和厂址。

③根据产品的特点和使用要求，需要标明产品规格、等级、所含主要成分的名称和含量的，用中文相应予以标明；需要事先让消费者知晓的，应当在外包装上标明，或者预先向消费者提供有关资料。

④限期使用的产品，应当在显著位置清晰地标明生产日期和安全使用期或者失效日期。

⑤使用不当，容易造成产品本身损坏或者可能危及人身、财产安全的产品，应当有警示标志或者中文警示说明。裸装的食品和其他根据产品的特点难以附加标志的裸装产品，可以不附加产品标志。

假冒伪劣商品的标志一般不是正规企业生产，外包装标志或残缺不全，或乱用乱写，或假冒优质奖标记，欺骗消费者。

3. 检验商品特有标记

部分名优商品在其特定部位还有特殊标记，如飞鸽、凤凰、永久三大国产名牌自行车，在车把、车铃、车座、衣架、车圈等处均有特殊标记。

部分名优烟、酒包装上的商品名称系用凹版印刷，用手摸有凹凸感，而假冒产品名称在包装上字体较平，无凸凹感。

4. 检查原产地域命名产品的生产地域

原产地域命名产品，指的是用一特定地域的名称来命名的产品，以标志该产品产自该特定区域，而且产品的质量、特色或声誉取决于该地域以内在的自然因素和人文因素所构成的地理特征。我国《原产地域产品保护规定》已于1999年7月30日实施。这一规定，对保护我国民族历史精品具有重要意义。我国的西湖龙井茶、绍兴黄酒等均已正式申请原产地域保护。

一些具有地方特色的传统名优商品，以地域命名商品名称的，往往同一种商品生产厂家很多，但正宗传统名优商品只此一家，因而要认准厂名。如正宗名优“德州扒鸡”，厂家是中国德州扒鸡总公司，注册商标是德州牌。正宗名优“金华火腿”上有“浙江省食品公司制”和“金华火腿”印章，而虽有“金华火腿”印章，生产厂家并非“浙江省食品公司”的，多为冒牌货。

5. 检查商品包装

名优产品包装用料质量好，装潢印刷规范，有固定颜色和图案，套印准确，图案清晰，形象逼真。伪劣商品一般包装粗糙，图案模糊，色彩陈旧，包装用料材质差。用真假商品对比，可以辨认。

大多数名优商品包装封口，均采用先进机械封口，平整光洁，内容物不泄漏，而假冒伪劣商品无论是套购的真品包装，还是伪造、回收的包装，封口多手工操作，不平整，常有褶皱或裂口，仔细检查封口处，大都能发现破绽。如假冒名酒，将酒瓶倒置，往往会有酒液流出，用鼻子嗅闻，能觉察到酒味。

对包装封口有明显拆封痕迹的商品要特别注意，很可能是“偷梁换柱”。

使用回收真酒瓶装假酒，酒瓶常有污垢，封口不圆整，在同一包装箱内的酒出厂日期、生产批号不一。

许多名优产品包装上有中国物品编码中心统一编制的条码，经激光扫描器扫描，电脑可以识别。冒牌货往往无此标志，或胡乱用粗细不等的黑色直线条纹以及数字欺骗消费者，用激光扫描器扫描，没有正常反应，电脑不能识别。

6. 检查液体商品的透明度

除黄酒和药酒允许有正常的瓶底聚集物外，其他酒在常温下均为清亮透明，无悬浮物，无沉淀。

用肉眼观察兑水的白酒，酒液混浊不透明；兑水的啤酒颜色暗淡不清亮透明。

乳剂农药在正常情况下不分层，不沉淀。

7. 看商品的色泽

对农作物的种子和谷物，可看颜色是否新鲜而有光泽，子粒大小是否均匀。

卷烟烟丝应色泽油润而有光泽，受潮的烟丝失去光泽、发暗。

优质禽畜生肉，肌肉颜色鲜艳、有光泽，脂肪为白色；劣质品肌肉颜色灰暗、无光泽，脂肪发灰、褐色。

8. 看商品的烧灼情况

粉剂农药取10克点燃后，如冒白烟，说明有效；若极易燃烧，且冒浓黑烟，说明是假农药。

香烟烟支点燃后，能自燃40毫米以上者为正常，否则是受潮，或烟丝质量差。

9. 看商品的发霉、潮湿、杂质、结晶、形状、结构情况

药品和食品有发霉情况的应禁止销售和使用。粉状商品（如面粉、药粉、水泥等）出现团块的，表明受潮失效或变质。

10. 手感

手握饱满干燥的谷物及农作物的种子，应感到光滑顶手，插入种子堆（包）时阻力小，感觉发凉；如手握感到松软，插入时阻力大的，则子粒不饱满，含水量大。

检查香烟时，可用手捏，名牌条装烟从外面轻捏会感觉很硬，冒牌条装名烟里面往往是软纸包装的杂牌次烟，轻捏就觉得纸软。检查烟支时可用手捏，感到烟丝有弹性的为正常；手感疲软、容易弯曲是受潮了，发脆的则是干燥的。

11. 听感

罐头有漏听或胖听的不能食用。胖听罐头盖部凸起，用手叩击能听到空虚鼓音。

手搓香烟烟支，能听到轻微沙沙声是正常的；如果柔而无声表明香烟已受潮，沙沙作响的是过于干燥了。

12. 嗅感

凡食品、药品鼻嗅有霉味、酸败味、异味的，马口铁罐头有金属味的，均不能再食用或服用。

13. 味感

名牌香烟吸入后气味醇正，口感舒适；劣质烟有苦、辣、霉味、土腥味，杂气重。

名酒香气突出，醇厚丰满，回味悠长，大多能空杯留香。

兑水的白酒品尝时口感香味寡淡，尾味苦涩。

兑水的啤酒品尝时口感香味、滋味淡薄，感觉不到酒花香气，味道欠纯正。

14. 检查商品供货渠道

国家规定部分商品只能由特定部门经销。如国务院规定，各级农资公司是化

肥流通主渠道，农业植保站、土肥站、农技推广站（简称“三站”）和化肥生产企业自销，为化肥流通辅助渠道，其他任何单位和个人，一律不得经营化肥。

经销农作物种子要有“三证一照”。“三证”是检验种子质量的检验合格证、种子经营许可证和调入种子检疫证，以及经销单位的营业执照。

经销食盐、香烟要有专卖许可证。

15. 检查商品认证标志

假冒进口彩电后盖上的商检安全标志，从颜色、字体上几可乱真，但尺寸略小，而且没有防伪暗记。

真皮标志A型尺寸为3.5厘米×5厘米，用于皮鞋及小皮件；B型尺寸为7厘米×5厘米，用于皮衣及大皮件（具），而且在标牌正面、反面共有六项保密措施，从而为识别真伪提供了有力的技术依据。

（四）商品防伪标签

近年来，由于假冒伪劣商品泛滥，采用防伪技术来识别假冒伪劣商品日益普遍。防伪技术是识别真伪、防止假冒的技术。它伴随着假冒而产生，又在与假冒作斗争中得到发展。随着社会主义市场经济的发展，企业和广大消费者的自我保护意识日益增强，许多名优产品生产企业从打假防伪需要出发，纷纷采用防伪技术，推动了防伪技术的发展和防伪产业的形成。目前，我国防伪行业已初具规模，从事防伪技术研究、开发生产和销售的企事业单位已有1000多家，防伪技术产品年产值已达几十亿元。防伪技术水平不断提高，防伪油墨、防伪纸张、特种印制技术、光干涉和全息技术、编码加密、人体特征加密、微电子加密、核技术防伪都在不同领域得到了应用。一大批名优企业采用了先进防伪技术后，其产品被仿冒的情况大为减少，如云南红塔山香烟、北京红星二锅头白酒、上海昂立保健产品等都取得了很好的效果。

1. 防伪标签

防伪是对那些以欺骗为目的且未经所有权人准许而进行仿制或复制的活动而采取的防止措施。防伪标签学名（国家标准名称）防伪标志，又名防伪商标，是能粘贴、印刷、转移在标的物表面，或标的物包装上，或标的物附属物（如商品挂牌、名片以及防伪证卡）上，具有防伪作用的标志。防伪特征以及识别的方法是防伪标签的灵魂。

2. 常用防伪技术

(1) 激光全息技术

通过激光制版，将影像制作在热塑膜上，产生五光十色的衍射效果，使图片具有三维空间感，是目前应用最广泛的防伪技术。目前我国已经推出了二维三维真彩色模压全息、像素全息、光学密码全息等新型全息防伪技术。

(2) 荧光材料

它在日光下显淡色或白色，在紫外光下能呈现出鲜艳色彩，可用在多种防伪技术中，荧光强度高，印刷适应性好。

(3) 水印纸

这种纸在制造过程中利用网上成型技术，制造出各种专用标记的水印图案，在普通背面光照射下显现出水印图案。水印纸在货币、证券和证书防伪印刷中应用最为广泛。

(4) 荧光纤维

在纺丝过程中，将荧光粉与合成纤维树脂混合，经特殊纺丝工艺制造的人造纤维可用于造纸或纺丝行业制造特殊防伪材料。

(5) 防伪油墨

是在油墨连接料中加入特殊性能防伪材料，经特殊工艺加工而成的特殊油墨。目前产品有：荧光油墨、磁性油墨、防涂改油墨、光敏油墨、热敏油墨等。在100元人民币中就使用了紫外荧光油墨。热敏油墨应用于热反应式SK温控防伪标志中。使用时在标志上稍稍加温，防伪颜色褪掉，显示出厂家防伪标记，降温后，防伪颜色还原，重新覆盖防伪标记。

(6) 安全线技术

在造纸过程中将一金属线或塑料线置于纸张中间，其形式可以是微型字母、荧光等。其形状有直线、波浪形、锯齿形等。我国人民币纸张采用的就是直线形安全线。

(7) 双面对印技术

通过专门印刷工艺技术，使票据或证件某一部位正反面和同一图案完全吻合。这种技术对制版和印刷的精度要求很高。

(8) 条码技术

有金属条码和隐形条码。金属条码是汇集了编码技术、计算机技术、激光技术与保密防伪技术于一体的高新技术产品，鉴别时需用专用识别仪器。隐形条码是在条码制版时，增加某些暗记。

(9) 磁码防伪技术

该技术包括隐含磁码印制和磁码识别仪两部分。是用磁性物质定量制成条码，其外形与普通商品条码类似（故称为隐含磁码技术），由于每条磁码所含的磁通量不同，识别时要用磁码鉴别仪检测，即可知真伪。

(10) 电码防伪技术

在每一件产品上设置一个密码，将所有产品密码全部记录在防伪中心数据库中。消费者只需利用电话、上网电脑或其他能够连接到仿伪网络的工具，将产品密码输入就可以进行防伪核对，辨别产品真伪。由于这种技术的密码是由计算机随机生成，查询后即刻记录在案，无法进行仿冒，而且相对成本较低，是当前最实用、最有效的一种防伪技术，我国移动电话手机等进网证就采用了这种电码防伪技术。

3. 国外商品防伪标记

第一，美国 3M 公司反射防伪标签。3M 公司原厂产品均附有水印反射标签。其辨认方法是：手持电筒于两眼之间，且与眼睛平行，光源照射至标签上，眼睛视线随光源看去，标签将会反射出闪耀夺目的 3M 水印，真伪立分，无可伪造。

第二，日本三菱重工空调器上的“形状记忆”防伪标记。用一只电吹风（干发器），向“三菱重工空调器”室内或室外机上贴的“三菱重工防伪商标”吹热风 10~15 秒，商标变软后，用手指按其变形，待其冷却变硬，再次向已变形的商标吹热风“三菱重工防伪商标”又可恢复其本来面貌。这种称作形状记忆功能的鉴别方法可以重复进行。

为了逐步规范防伪技术产品，国家质量技术监督局于 1997 年发布了六项防伪技术产品国家标准。《人民币伪钞鉴别仪》作为强制性国家标准，已于 1998 年 7 月 1 日起实施。《防伪全息产品通用技术条件》、《安全防伪纸第一部分：证券、证件用纸》、《防伪油墨第一部分：紫外激发荧光油墨（胶版、凸版印刷）技术条件》、《防伪印刷产品生产管理规范》和《防伪技术术语》五项防伪标准，作为推荐性国家标准于 1998 年 5 月 1 日起实施。

《防伪全息产品通用技术条件》规定了防伪全息技术的分类、防伪力度、产品技术要求和安全措施；安全防伪纸标准主要用于印刷证券、支票、股票和证件用纸；防伪油墨标准规定了紫外激发荧光油墨的技术要求。

众所周知，任何技术含量低的或单一的防伪技术及产品，很难有效地起到防伪作用。制造防伪产品的水平越高、技术越难越复杂，仿冒难度也就越大，因此，防伪的效果也就越好。基于这一实际，很多防伪产品生产厂家不断改进、完善、更新自己的技术和产品，目前已经研制出集激光全息、一次性使用、隐形加密、多彩色重组、微形暗记、动态旋转、正交成像、紫外荧光及变色油墨等多种防伪技术于一身的产品，从而增强了产品的防伪功能。

第三节　商品的防损

一、商品损耗的原因

所谓商品损耗，是那些看得见的损坏商品并不能出售或折价出售的商品（促销商品不在此内）与看不见的丢失商品，当然，也包括由于商品品质等原因售出去后，被顾客退换回来的商品等。具体包括如下：

（一）包装等损坏导致变质

商品由于包装破损且不可重新包装、损坏、食品变质、过期等原因而无法销售。

（二）运输损坏商品

在运输过程中损坏，而在收货验收过程中未发现的破损商品。因此，在收货过程中应认真仔细地检查。

（三）商品验收错误

在对供应商或配送中心送来的货的验收过程中，验货错误以致造成商品损耗，或者是收货搬运过程中造成商品损坏。因此，在验收货物时，要严格按照程序操作。

（四）商品陈列方法不当而造成的损耗

商品在店面陈列过程中，由于陈列的方法不当引起商品损耗，如放的位置不佳引起倒塌，或容易被过往顾客的推车碰撞而引起的损坏。因此，要科学合理地陈列商品。

（五）由于小偷行窃而造成的损耗

商品开架售货给顾客带来方便的同时，也给一些不法分子带来可乘之机，一些小偷在商店行窃，给经营者带来的商品损失往往是难以估量的，这是商品损耗很重要的一个原因，因此，必须高度重视。

（六）收银员商品扫描错误造成的损耗

由于收银员业务不熟练或不按程序要求操作，使顾客购买的商品漏扫描造成的错误。因此，收银员应遵循“取货—扫描—查看—包装商品”的程序。

（七）内外偷窃

这种现象也不少见，少数员工禁不住钱物的诱惑，或单独作案或内外联手作案行窃。因此，平时就应做好防患于未然的思想准备，具体包括：

①健全管理制度，加强安全监督检查，不给少数不良员工可乘之机。

②招聘员工应严格审查，检查员工出示的各种证件是否真实，要建立担保制度。

③在员工的培训与平时的管理过程中应加强对员工法制教育。

④经常检查一些重点部门的安全制度是否严格遵守执行。

（八）防盗硬件设备不配套

由于防盗硬件不配套，对卖场商品监管不力也是造成商品损耗的原因之一。

二、商品损耗的分类与防损方法

商品损耗在不同阶段其原因不同，防损的方法也有差异，需要分阶段分析。

（一）进货阶段

1. 进货阶段商品损耗的主要原因

①进货单据与商品的实际数量有出入。

②没有验收或验收不够确切造成的商品损耗。

③进货记账上的商品损耗。

④仓储场所不良造成的商品损耗。

2. 进货阶段对于商品损耗的早期发现和防损方法

进货的商品和进货的单据及与进货单据有关的记账一定要核对清楚，特别是数量、单价、订货的单位都要核对，一定要做好检验工作。

（二）陈列阶段

1. 陈列阶段商品损耗的主要原因

①由于儿童的恶作剧所造成的商品损耗。

②遭到诈骗或偷窃所导致的商品损耗。

③温度管理不良所引起的商品损耗。

④器具使用管理不良所引起的商品损耗。

⑤陈列场所不良所引起的商品损耗。

2. 陈列阶段对于商品损耗的早期发现和防损方法

①把商品陈列在小孩不能触碰到的地方。

②为了防止盗窃、诈骗等行为，必要时可设置电子眼、防盗器、闭路电视或在商品上做标记等。

③注意商品特性，如对冷冻库或冷藏库的温度要多加注意；不能让日光照射

的商品，应该避免日射；重的商品应尽量陈列在下面。

④经常盘点、检视陈列架上的商品。

（三）销售阶段

1. 销售阶段商品损耗的主要原因

①卖错价钱造成的商品损耗。

②计量错误所造成的商品损耗。

③付账或收账的错误，所造成的商品损耗。

2. 销售阶段对于商品损耗的早期发现和防损方法

①避免卖错价钱，收银员做到唱收唱付。

②避免弄错价钱，商品一定要标价并与电脑单位进行核对。

③不要使用不实用的计量器。

（四）库存管理阶段

1. 库存管理造成商品损耗的主要原因

①盲目补货造成库存过大，商品结构不合理；由于断缺货影响营业额，造成损耗。

②门店补货量、陈列量、补货点勾股定理不科学，经常大量退换货，浪费大量人力、物力。

③退货处理不当造成损耗：退货单与物价、规格不符造成损耗。

④未及时跟踪处理近效期商品及滞销品，造成商品过期报损。

⑤未按先进先出的原则销售，造成商品过期。

2. 库存管理对于商品损耗的早期发现和防损方法

①强化库存管理，理性补货，合理库存，经常调整商品结构。减少库存过大，避免断、缺货。根据商品的周转率和交叉比率分析，对销售排名后100位的滞销商品进行重点管理。

②商品分区负责，对不好销的商品及时退库。

③有效进行商品效期管理，责任人对本区近效期6个月的商品作效期跟踪记录，并重点推销。

（五）其他原因造成的损耗

1. 原因

（1）偷窃

顾客偷窃：随身夹带、购物袋夹带、换标签、换包装盒、偷吃。

厂商偷窃：随身夹带、随同退货夹带、与员工勾结实施偷窃。

员工偷窃：随身夹带、皮包夹带、购物袋夹带、废物箱（袋）；高价低标；偷吃；将用于顾客兑换的奖励、赠品占为己有；与亲友串通，购物未结账或金额少打，利用顾客未取的账单作为自己的账单。

(2) 意外事件引起的损耗

自然意外事件：水灾、火灾、台风、停电等。

人为意外事件：抢劫、夜间偷盗、诈骗等。

其他损耗：公司调整价格、门店未及时执行等。

2. 防损措施

①加强卖场巡视，防止商品丢失。

②尊重每位顾客，亲切地问好打招呼，适时提供帮助。

③商品排面整齐，避免凌乱给人可乘之机。

④避免旁若无人地接听电话、补货和聊天。

⑤突破死角地带，增加辅助设备，如反射镜。

⑥高单价商品应尽量陈列在柜台附近，就近管理。

⑦提高警觉性，遇可疑状况，立即近身注意，打消偷窃的念头。

⑧做好店面防火防盗措施。

三、防损控制

商品的损耗是可以控制的，如何控制损耗是商品管理的重要内容。

（一）损耗控制

①对高损耗的商品进行定期连贯的盘点。

②制定所有店内商品的盘点策略，盘点的目的是核对电脑里的库存量和商店里实际库存量是否一致。

③运用“3米问候”防止偷窃。当发现有小偷欲行窃时，若能主动向其问候，可以起到警示作用，使小偷明白有人注意他了，因而中止行窃。

④及时作无销售商品报告及负数库存报告。

⑤作好价格变更的报告。

⑥每隔2～4周扫描检查卖场所有的商品，查看是否短缺损耗，做到心中有数。

（二）陈列区域控制

1. 摆放区域是否标准

2. 陈列区域是否标准

3. 商品货架摆放是否标准与安全

4. 是否按先进先出原则

如食品、电池、胶卷等。

5. 损耗控制

①按照收银程序收银，拿—扫—查—装。

②照顾到每位顾客，注视对方，微笑问好。

③注意购物车底部。

④包装封口。

⑤检查隐藏商品，必要时开箱检查，注意态度友善。

⑥防止偷换条码。

⑦注意商品的销售单位。

⑧不在系统中的商品，是否销售，如何销售。

⑨扫描价格不一致的商品如何处理。

⑩填写条码问题表，及时反馈解决。

⑪学会使用收银机。

⑫识别各种假钞。

⑬会使用各种银行卡。

四、破损商品处理程序

（一）退换商品处理程序及要求

凡顾客购买的商品如因质量问题或其他原因而退换货的，商店在接待处理时应按照程序进行，这可以有效地控制商品损耗。顾客退换货的商品处理是由商店顾客服务台处理，具体如下：

1. 总规定

①令顾客满意，三米微笑。

②电话礼仪，应在三声铃响以前接听。

③发票程序。

④储值卡销售程序。

2. 要求

①退货标签，由服务台完成。

②有收据退货。

③无收据退货。

④一般换货。

⑤员工退货。

3. 表格

①无收据退款表。

②员工退款表。

③保修卡维修表。

④遗失商品登记表。

⑤送货表。

4. 退款指南

①贷款式。

②更改价格。

③可重售商品。

④不可重售商品。

⑤处理商品退款。

⑥多收费退款。

⑦收银机退款。

（二）店内商品破损处理程序

(1) 商品由于包装破损且不可重新包装，食品因变质、过期等原因无法销售，应及时填写破损商品标签，经主管确认后，送到索赔办，由索赔办与供应商联系具体索赔事宜。

(2) 破损的商品需填标签，标签内包括：商品编号、商品名称、数量、破损原因、经手人签名、日期等栏目。

(3) 索赔办处理的商品包括：店内破损商品、顾客退货换货的商品。

（三）商品未来的防损趋势

对于软标签的使用，目前大部分商家因考虑到软标签成本较高，不得不降低软标签的粘贴比例，使得原本应当粘贴软标签的商品达不到有效保护，造成失窃率的上升，但随着经济全球化的发展，越来越多的国内、国际零售业主在考虑使用或已在使用标签化商品。他们要求生产商在生产过程中，将防盗软标签做在商品里或商品的包装里（如图 1－5、图 1－6 所示），一方面，可节省商家防损部的人力成本；另一方面，由于标签的隐蔽性极强，无论是顾客还是店员都无法分辨商品上是否贴有标签，进而使心存侥幸者打消冒险计划，可有效地防止内盗、外盗的发生。

1. 应用在服装业

每一件服装都带有服装标牌，将防盗软签隐蔽地做进服装牌中，做成“标签”、“吊牌”等形式（如图 1－5 所示），起到绝好的防盗效果，使每一件服装都可以开架销售，提高营业额，免除了内外盗的困扰。目前，已有国内服装企业订购防盗标签制成价签。

2. 应用在制鞋业

将像纸一样薄的防盗软签做进鞋底（如图 1－6 所示），使出厂的每一双鞋加装防盗保护，全部商品可以开架销售，绝不再担心丢失。目前，国内许多著名制鞋企业已将防盗标签加装进鞋底，使鞋专卖店中各类鞋开架销售，提高了销售额。

图 1－5　服装标牌内的防盗软签

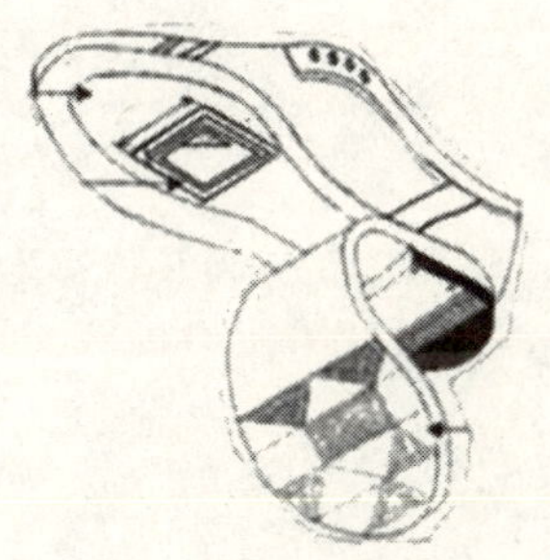

图 1－6　鞋底内的防盗软签

3. 选择高质量的软标签

适应商品标签一体化（如图 1－7 所示）的国际发展趋势，首先要选择高质量的防盗软签，即检测率高，容易解码，不易复活。软标签满足高质量的要求。

图 1－7　商品高质量软标签

（四）商品标签一体化的意义

1. 给生产商带来的好处

①店员无法确定商品中是否含有防盗标签，降低内盗的发生。

②增加销售额。

2. 给零售业主带来的好处

①店员知道商品中含有防盗标签，杜绝内盗的发生。

②商品标签一体化，使标签更加隐蔽，让没有粘贴防盗标签的商品也具有威慑力，减少外盗的发生。

③减少粘贴标签的时间、精力。

第二章　商品陈列

学习目标

> 通过本章学习，了解仓库的功能、分类及仓库布局，掌握商品陈列的原则、类型和商品陈列方法。

商品陈列指的是商品在货位、货架和柜台内的摆放、排列等。

第一节　仓库与仓库布局

仓库是保管、存储物品的建筑物和场所的总称。仓库的概念可以理解为用来存放货物（包括商品、生产资料、工具或其他财产）以及对其数量和价值进行保管的场所或建筑物等设施，还包括用于防止减少或损伤货物而进行作业的土地或水面。

一、仓库的功能

仓库一个最基本的功能就是存储物资，并对存储的物资实施保管和控制。随着人们对仓库概念的深入理解，仓库也担负着物资处理、流通加工、物流管理和信息服务等功能，其含义远远超出了单一的存储功能。

一般来讲，仓库具有以下功能：

（一）储存和保管

这是仓库的最基本的传统功能。仓库具有一定的空间，可用于储存物品。根据物品的特性，仓库内还可配有相应的设备，以保持储存物品的完好性，如储存精密仪器的仓库，需要防潮、防尘、恒温等，应设置空调、恒温等控制设备。在仓库作业时，防止搬运和堆放时碰坏、压坏物品，从而要求搬运机具和操作方法的不断改进和完善，使仓库真正起到储存和保管的作用。

（二）配送和加工

现代仓库的功能已由保管型向流通型转变，即仓库由原来的储存、保管货物的中心向流通、销售的中心转变。仓库不仅具备储存、保管货物的设备，而且还增加了分袋、配套、捆装、流通加工、移动等设施。这样，既扩大了仓库的经营范围，提高了物资的综合利用率，又方便了消费者，提高了服务质量。

（三）调节货物运输能力

各种运输工具的运输能力差别较大，船舶的运输能力很大，海运船舶一般都在万吨以上，火车的运输能力较小，每节车厢能装 30～60 吨，一列火车的运量可达几千吨。汽车的运输能力相对较小，一般在 10 吨以下，它们之间运输能力的差异也是通过仓库调节和衔接的。

（四）信息传递

信息传递功能是伴随着上述三个功能而发生的。在处理有关仓库管理的各项事务时，需要及时而准确的仓库信息，如仓库利用水平、进出货频率、地理位置、运输情况、顾客需求状况以及仓库人员的配置等。这些对仓库管理能否取得成功至关重要。

目前，在仓库的信息传递方面，越来越多地依赖计算机和因特网，通过使用电子数据交换系统（EDI）、条码技术提高仓库物品的信息传递速度的准确性，通过因特网（Internet）及时了解仓库的使用情况和物资的存储情况。

二、仓库的分类

仓库是物流系统的基础设施，按其营运形态、保管形态、建筑形态、功能等可划分为不同的类型。

（一）根据营运形态划分

1. 自用仓库

各生产或流通企业，为了本企业物流业务的需要而修建的附属仓库。这类仓库只储存本企业的原材料、燃料、产品或商品，一般工厂、企业、商店的仓库以及部队的后勤仓库，多属于这一类。

2. 营业仓库

专门为了经营储运业务而修建的仓库，是面向社会服务的或以一个部门的物流业务为主，兼营其他部门的物流业务，如商业、物资、外贸等系统的储运公司的仓库等。营业仓库由仓库所有人独立经营或者由分工的仓库管理部门独立核算经营。

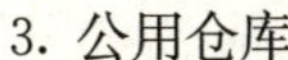

3. 公用仓库

属于公共服务的配套设施，为社会物流服务的公共仓库，如铁路车站的货场仓库，港口的码头仓库、公路货场的货栈仓库等。

（二）根据保管形态划分

1. 普通仓库

常温下的一般仓库，用于存放一般性物资，对于仓库没有特殊的要求，只要求具有一般通用的库房和堆场，用于存放普通货物，如一般的金属材料仓库、机电产品仓库等。仓库设施较为简单，但储藏的物资种类繁杂，作业过程和保管方法、要求均不同。

2. 保温仓库

用于储存对湿度、温度等有特殊要求的仓库，包括恒温、恒湿及冷藏库等，如粮食、水果、肉类等储存。这类仓库在建筑上要有隔热、防寒、密封等功能，并配备专门的设备，如空调器、制冷机等。

3. 特种仓库

用来储存危险品的仓库，如石油库、化学危险品库等，以及用于专门储藏粮食的粮仓等。储藏物单一，保管方法一致，但需要特殊的保管条件。

4. 水上仓库

漂浮在水面的储藏货物的趸船、囤船、浮驳或其他水上建筑，或者在划定水面保管木材的特定水域，沉浸在水下保管物资的水域。近年来，由于国际运输油轮的超大型化，许多港口因水深限制大型船舶不能直接进港卸油，往往采用在深水区设立大型水面油库（超大型油轮）作为仓库转驳运油。

（三）根据建筑形态划分

1. 按建筑构造不同分为

平房仓库、多层仓库、高层仓库、地下仓库等。

2. 按建筑材料不同分为

钢筋混凝土仓库、混凝土预制板建筑仓库、钢骨架建筑仓库、木制建筑仓库等。

（四）根据功能及其他分类

1. 储存仓库

主要对货物进行保管，以解决生产和消费的不均衡，如季节生产的大米储存到第二年卖，常年生产的化肥，要想在春、秋季节集中供应只有通过仓储来解决。

2. 流通仓库

这种仓库除具有保管功能之外，还能进行流通加工、装配、简单加工、包装、理货以及配送功能，具有周转快、高附加值、时间性强的特点，从而减少在连接生产和消费的流通过程中商品因停滞而花费的费用。

3. 配送中心

配送中心是向市场配送中心或直接向消费者配送商品的仓库。作为配送中心的仓库往往具有存货种类众多、存货量较少的现象，要进行商品包装拆除、配货组合等作业，一般还开展配送业务。

4. 保税仓库（保税货场）

保税仓库是经海关批准，在海关监管下，专供存放未办理关税手续而入境或过境货物的场所。也就是说，保税仓库是获得海关许可的、能长期储存外国货物的、本国国土上的仓库；同样，保税货场是获得海关许可的能装卸或搬运外国货物并暂时存放的场所。

三、仓库的结构

（一）仓库结构

仓库的结构对于实现仓库的功能有着很重要的作用。因此，其设计应考虑以下几个方面：

1. 平房建筑和多层建筑仓库的结构

从出入库作业的合理化方面看，尽可能采用平房建筑，这样，储存产品就不必上下移动，因为利用电梯将储存产品从一个楼层搬到另一个楼层费时费力，而且电梯往往也是产品流转中的一个“瓶颈”，许多材料搬运机通常将会竞相利用数量有限的电梯，从而影响仓库作业效率，但在城市内，尤其是在商业中心地区，那里的土地有限或者昂贵，为了充分利用土地，采用多层建筑成了最佳选择。在采用多层仓库时，要特别重视货物上下楼通道的建设。如果是流通仓库，应采用二层立交斜路方式，车辆可直接行驶到二层仓库，二层作为收货、验货、保管的场所，而一层则可作为办理货、配货、保管的场所。

2. 库房出入口和通道

作为载货汽车的库房出入口，要求宽度和高度的最低限度必须达到 4 米。作为铲车的出入口，则宽度和高度必须达到 2.5～3.5 米。通常库房出入口采用卷帘门或铁门。库房内的通道是保证库内作业顺畅的基本条件，通道应延伸至每一个货位，使每一个货位都可以直接进行作业，通道需要路面平整和平直，减少转弯和交叉。作为大型卡车入库的通道应大于 3 米，叉车作业通道应达到 2 米。

3. 立柱间隔

库房内的立柱是出入库作业的障碍，会导致保管效率低下，因而立柱应尽可能减少。一般仓库的立柱间隔，因考虑出入库作业的效率，以汽车或托盘的尺寸为其中的一个基准，通常以 7 米的间隔较适当，它适合 2 台大型货车的宽度（2 米×2.5 米）或 3 台小型载货车（3 米×1.7 米）的作业。采取托盘存货或作业的，因托盘种类规格不同，以适合放标准托盘 6 个为间隔，如采用标准托盘时间隔略大于 7.2 米（6 米×1.2 米）。平房建筑的仓库，拓宽立柱间隔较为容易，可以实现较大的立柱间距，而钢骨架建筑的仓库可不要立柱。

4. 天花板的高度

由于实现了仓库的机械化、自动化，因此，目前对仓库天花板的高度也提出了很高的要求。当使用叉车的时候，标准提升高度是 3 米；而使用多段式高门架的时候要达到 6 米。另外，从托盘装载货物的高度看，包括托盘的厚度在内，密度大且不稳定的货物，通常以 1.2 米为标准；密度小而稳定的货物，通常以 1.6 米为准。以其倍数（层数）来看，1.2 米×4＝4.8 米，1.6 米×3＝4.8 米，因此，仓库的天花板高度最低应该是 5～6 米。另外，有的仓库内部设置夹层楼板，也叫临时架，是在地板与楼板之间加另一半层楼，能成倍地利用保管空间，并能够有效地利用仓库梁下的空间。

5. 地面

地面的承载能力必须根据承载货物的种类或堆码高度来决定。通常，普通仓库 1 米地面承载能力为 3 吨，流通仓库的地面承载能力必须能保证重型叉车作业的足够受力。地面的形式有低地面和高地面两种。为了防止雨水流入仓库，低地面式的地面比基础地面高出 20～30 厘米，而且由于叉车的结构特点，出入口是较平缓的坡度。高地面式的地面高度要与用于出入库车厢的高度相符合。超常、大型载货车（5 吨以上）为 1.2～1.3 米，小型载货汽车（3.5 吨以下）为 0.7～1 米，铁路货车站台为 1.6 米。

一般情况下，经营原材料和半成品的仓库，因为载重汽车直接出入库的效率较高，所以，低地面式较为有利；而流通型仓库，因为在库内分货、配货，并根据商品的不同，采取不同的存放方式，有些就陈列在站台。因此，高出地面的台式较为合适。

（二）堆场结构

1. 集装箱堆场

（1）集装箱及其作用

集装箱等集装设施的出现给储存带来了新观念，集装箱本身便是一栋仓库，不需要再有传统意义的库房。在仓储过程中，以集装箱存放货物，形成集装箱堆放场，可以直接以集装箱作为媒介，使用机械装卸、搬运，也可以从一种运输工具直接方便地换装到另一种运输工具，或从发货方的仓库经由海、陆、空等不同运输方式，无须开箱检验，也无须接触或移动箱内货物，直接运到收货人的仓库，省去了入库、验收、清点、堆垛、保管、出库等一系列储存作业。这样不仅装卸快、效率高，而且能尽量减少仓储与装卸搬运过程中各种商品的损伤，并且在某种程度上还可减少包装费用。因此，对改变传统储存作业有很重要的意义，是储运合理化的一种有效方式。集装箱最典型的是普通集装箱，还有笼式、罐式、台架式、平台和折叠式等，许多类集装箱和相应的托盘在形态上区别不大，但尺寸相差较大。

集装箱的主要特点是“集小为大”，且这种集小为大是按标准化、通用化要求进行的，这就使中小件散杂货以一定规模单元进入运输、流通领域，形成了规模优势。集装的效果实际上是这种规模优势的效果。

集装箱化的优点：

①促使装卸合理化。与单个物品的逐一装卸处理相比较，主要表现在：第一，缩短装卸时间，这是由于多次装卸转为一次装卸而带来的效果；第二，使装卸作业劳动强度降低。过去，中小件、大数量散杂货装卸，工人劳动强度极大，因此，工作时极易出现差错和货物损坏。采用集装箱后，不但减轻了装卸劳动强度，而且集装货物具有保护作用，可以更有效地防止装卸时的碰撞损坏及散乱丢失。

②使包装合理化。采用集装后，物品的单体包装及小包装要求可降低，甚至可以去掉小包装，从而节约包装材料。由于集装的大型化和防护能力的增强，包装强度也大大提高，有利于保护货物。

③由于集装整体进行运输和保管，方便了运输及保管作业，便于管理，可有效利用运输工具和保管场地的空间，改善环境。

④集装的最大效果，还是以其为核心所形成的集装系统，将原来分离的物流各环节有效地联合为一个整体，使整个物流系统实现合理化。物流的现代进展是离不开集装的，可以说集装是物流现代化的重要标志。

⑤采用集装箱分别堆存，避免箱子的随意摆放，而且将减少倒箱。

（2）集装箱堆场布局结构

集装箱堆场是堆存和保管集装箱的场所。根据集装箱堆的大小，堆场可分为混合型和专用型两种形式。专用型堆场是根据集装箱货运站的生产工艺分别设置重箱堆场、空箱堆场、维修与修竣箱堆场。设置堆场时应满足发送箱、到达箱、中转箱、周转箱和维修箱等的生产工艺操作和不同的功能要求，并尽可能缩短运送距离，避免交叉作业，便于准确便捷地取放所需集装箱，以利于管理。

①合理的集装箱堆场布局应符合下列原则：中转箱区应布置在便于集装箱顺利地由一辆车直接换装到另一辆车的交通方便处；周转和维修箱区应布置在作业区外围，靠近维修车间一侧，以便于取送和维修，减少对正常作业的干扰；合理布置箱位。既要充分利用堆场面积，又要留足运输通道和装卸机械作业区及箱与箱之间的距离，做到安全、方便；合理利用与选择装卸机械和起重运输设备。除保证作业机械进出场区畅通和足够的作业半径外，应尽量减少机械设备的行走距离，提高设备利用率；场区内要有一定坡度，以利于排水；堆场场地必须耐用，应根据堆场层数进行设计与处理。

②集装箱堆场设计时应考虑的因素：人力资源。由于采用集装箱堆存可以减少许多拆箱、倒箱工作，给进出堆场的装卸作业带来了许多便利条件，降低了劳动强度。因此，可以在人员数量上比其他形式的堆场有较大的缩减；土地使用。由于港口运输的需要，集装箱堆场通常设置在港口、码头附近，占用港口场地的费用与任何内陆地点都不能相比，且目前对土地改良和对污染物联合治理的要求越来越高。值得一提的是，地皮和场地一直都是仓库系统设计中财务分析的最重要部分。因此，尽管集装箱堆场较一般的内陆仓库具有很多优势，但其占地费用是必须要考虑的因素，在实际集装箱堆场的设计中应尽可能减少堆场的占地面积；单位操作和堆存成本。这是一个很明显的问题，但操作和堆存的真实成本很难精确地确定，特别是对最佳操作的评估、堆场的管理作业、进出堆场的复合操作以及货物的损坏和变质等。尽管这样，在设计集装箱堆场时还应该尽量充分地考虑各方面因素。

③集装箱堆场的设计目标。在设计集装箱堆场时，在考虑上述三要素的同时，还应该尽量达到下面三项目标：服务的精确性。由于集装箱存放货物无须拆箱，所以，箱内货物的质量和数量完全靠货物证件以及其他相关单据，同时，在分类堆存时也完全根据证件及其单据进行分类，应尽量做到在集装箱堆场的存放与管理过程中认真细致，力求达到服务的精确性；单位堆存和流转速度。操作要

求尽可能快，与堆存区所要求的服务水平相适应。由于尽量减少堆场的占地面积，因此，在设计集装箱堆场及选取存放堆垛方式过程中，尽量增大单位堆存，同时，尽量缩短保管时间，加快集装箱的流转速度，尽可能充分地发挥集装箱的优越性；旺季存储能力。这与前面的因素有关。有一条经验，系统设计者应满足一定时期内95%的库存需求。这一定时期可以是一个月或一年，依据服务类型来确定。最后的5%通常要花费巨大的代价才能满足。在集装箱码头中，泊位利用率是服务的一个重要因素，因此，及时抓住储运旺季，充分发挥集装箱堆场的优势，最大限度地达到集装箱堆场的储存能力是非常重要的。

2. 杂货堆场

(1) 杂货。杂货是指直接以货物包装形式进行流通的货物。货物的包装有袋装、箱装、桶装、篓装、捆装、裸装等，也包括用成组方式流通的货物。杂货中相当一部分可以直接在堆场露天存放，如钢材、油桶、日用陶器、瓷器等。在堆场存放要考虑需要苫盖、垫垛，以便排水除湿。杂性使得杂货的装卸、堆垛作业效率极低，而且需要较大的作业空间，同时，容易混淆，需要严格区分。

(2) 杂货堆场的货位布置形式。大多数杂货物的货位布置形式均采用分区类布置，即对存储货物在“三一致”（性能一致、养护措施一致、消防方法一致）的前提下，对堆场划分为若干保管区域；根据货物大类和性能等划分为若干类别，以便分类集中堆存。

杂货堆场分区分类存放货物的作用：

①可以缩短货物收、发作业时间。

②可以合理利用有限的堆场占地面积。

③可以使堆场管理人员掌握货物进出场活动规律，熟悉货物性能，提高管理水平。

④可以合理配置和使用机械设施，提高机械化操作程度。

(3) 堆场分区分类的方法。

①按照货物种类和性质进行分区分类。这是大多数堆场采用的分类分区方法，就是按货主单位经营货物来分类，把性能互不影响、互不抵触的货物，在同一堆场内划定在同一货区里集中储存。

②按照货物发往地区进行分区分类。这种方法主要适用于储存期限不长而进出数量较大的中转性质的堆场。具体做法是，货物按照交通工具划分为公路、铁路、水路，再按到达站、港的线路划分。这种分区分类方法，虽然不分货物种类，但对于危险品、性能互相抵触的货物，也应该分别存放。

(4) 杂货堆场货区布置。根据货物不同的性质，对各种堆存的货物进行合理的分类之后，即可按照堆场的货区进行分类堆存。堆场的货区布置形式主要有三种：横列式、纵列式和混合式。

①横列式。指货位的长度与堆场的长度方向互相垂直。这种布置形式的主要优点是：主通道长且宽，副通道短，有利于货物的取存、检查，通风和采光条件好，有利于机械化作业。其主要缺点是：主通道占用面积多，影响堆场利用率。

②纵列式。指货位的长度与堆场的长度方向相同。这种布置形式的优点主要是：仓库平面利用率较高。其缺点是：存取货物不方便，对于通风采光不利。

③混合式。指在堆场横列式和纵列式布置兼而有之，是两种形式的结合，兼有上述两种形式的特点。

目前，杂货堆场常采用的货位布置形式主要是作业通道呈垂直方向排列，以利于货物的装卸搬运。在布置货位时，要留出适当垛距。垛距是为了区分不同品种规格或不同批次的货物而划定的分界道，又作为货物进出的通道，管理检查货物的人行道。

3. 散货堆场

散货是指未包装、无标志的小颗粒货物，直接以散装方式进行运输、装卸、仓储保管和使用。在仓储中不受风雨影响的散货一般直接堆放在散货堆场上，如沙、石、煤、矿石等。

散货堆场根据所堆存散货的种类不同，地面的结构不完全相同，可以是沙土地面、混凝土地面等。由于存量巨大，地面要求有较高的强度。由于散货都具有大批量的特性，散货货场往往面积较大。为了便于疏通，采取明沟的方式排水，并且通过明沟划分较大面积的货位。散货堆场都采用铲车或者输送带进行作业，所堆的垛形较为巨大。

四、仓库布局的原则与功能要求

仓库布局是指在一定区域或库区内，对仓库的数量、规模、地理位置和仓库设施道路等各要素进行科学规划和整体设计。仓库的布局应满足以下原则与功能要求：

(一) 仓库布局的原则

①尽可能采用单层设备，以降低造价，提高资产平均利用率。

②使货物在出入库时单向和直线运动，避免逆向操作和大幅度改变方向的低效率运作。

③采用高效率的物料搬运设备及操作流程。

④在仓库里采用有效的存储计划。

⑤在物料搬运设备大小、类型、转弯半径的限制下，尽量减少通道所占用的空间。

⑥尽量利用仓库的高度，也就是说，有效地利用仓库的容积。

（二）仓库的功能要求

①仓库位置应便于货物的入库、装卸和提取，库内区域划分明确、布局合理。

②集装箱货物仓库和零担仓库尽可能分开设置，库内货物应按发送、中转、到达货物分区存放，并分线设置货位，以防事故的发生；要尽量减少货物在仓库的搬运距离，避免任何迂回运输，并要最大限度地利用空间。

③有利于提高装卸机械的装卸效率，满足先进的装卸工艺和设备的作业要求。

④仓库应配置必要的安全、消防设施，以保证安全生产。

⑤仓库货门的设置，既要考虑集装箱和货车集中到达的同时装卸作业要求，又要考虑由于增设货门而造成堆存面积的损失。

五、仓库布局

仓库布局是指一个仓库的各个组成部分，如库房、货棚、货场、辅助建筑物、铁路专运线、库内道路、附属固定设备等，在规定的范围内，进行平面和立体的全面合理的安排，即仓库总平面图。如下图所示。

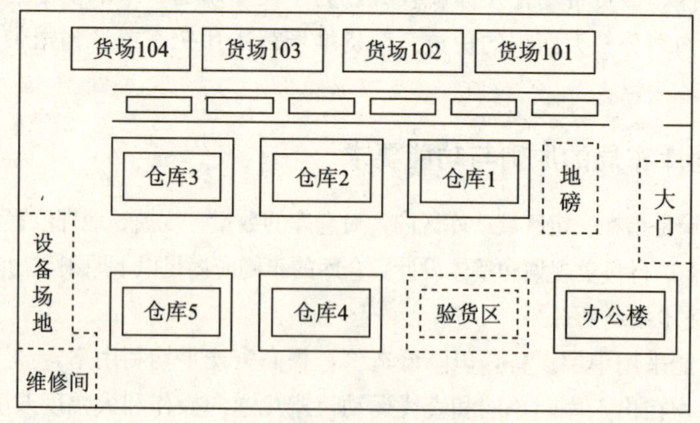

仓库总体布局示意

（一）仓库总平面布局的要求

1. 要适应仓储企业生产流程，有利于仓储企业生产正常进行

①单一的物流方向。仓库内商品的卸车、验收、存放地点之间的安排，必须适应仓储生产流程，按一个方向流动。

②最短的运距。应尽量减少迂回运输，专用线的布置应在库区中部，并根据作业方式、仓储商品品种、地理条件等，合理安排库房、专用线与主干道的相对位置。

③最少的装卸环节。减少在库商品的装卸搬运次数和环节，商品的卸车、验收、堆码作业最好一次完成。

④最大的利用空间。仓库总平面布置是立体设计，应有利于商品的合理储存和充分利用库容。

2. 有利于提高仓储经济效益

①要因地制宜，充分考虑地形、地质条件，满足商品运输和存放要求，并能保证仓储容积得以充分利用。

②平面布置应与竖向布置相适应。所谓竖向布置，是指建设场地平面布局中每个因素，如库房、货场、专运线、道路、排水、供电、站台等，在地面标高线上的相互位置。

③总平面布置应能充分、合理地利用机械化。我国目前普遍使用的门式、桥式起重机一类的固定设备，合理配置这类设备的数量和位置，并注意与其他设备的配套，便于开展机械化作业。

3. 有利于保证安全生产和文明生产

①库内各区域、各建筑物间，应根据“建筑设计防火规范”的有关规定，留出一定的防护火间距，并有防火、防盗等安全设施。

②总平面布置应符合卫生和环境要求，既要满足库房的通风、日照等，又要考虑环境绿化、文明生产，有利于职工的身体健康。

（二）仓库的总体构成

一个仓库通常由生产作业区、辅助生产区和行政生活区三大部分组成。

1. 生产作业区

生产作业区是仓库的主体部分，是商品储运活动的场所，主要包括储货区、铁路专用线、道路、装卸台等。

储货区是储存保管的场所，具体分为库房、货棚、货场。货场不仅可存放商品，还起着货位的周转和调剂、作业作用。铁路专用线、道路是库内外的商品运

输通道，商品的进出库，库内商品的搬运，都通过这些运输线路。专用线应与库内其他道路相通，保证畅通。装卸站台是供火车或汽车装卸商品的平台，有单独站台和库边站台两种，其高度和宽度应根据运输工具和作业方式而定。

2. 辅助生产区

是为商品储运保管工作服务的辅助车间或服务站，包括车库、变电室、油库、维修车间等。

3. 行政生活区

是仓库行政管理机构和生活区域。一般设在仓库入口附近，便于业务接洽和管理。行政生活区与生产作业区应分开，并保持一定距离，以保证仓库的安全及行政办公和居民生活的安静。

第二节　商品配置

一、商品陈列基本原则

（一）安全性原则

排除非安全性商品（超过保质期的、鲜度低劣的、有伤疤的、味道异常的），保证陈列的稳定性，保证商品不易掉落，应适当地使用盛装器皿、备品。进行彻底的卫生管理，给顾客一种清洁感。

（二）易观看性、易选择性原则

一般情况下，由人的眼睛向下 20°是最易看到的。人类的平均视觉是 110°～120°，可视宽度为 1.5～2 米，在店铺内步行购物时的视角为 60°，可视范围为 1 米。

（三）易取性、易放回性原则

顾客在购买商品的时候，一般是先将商品拿到手中从所有的角度进行确认，然后再决定是否购买。当然，有时顾客也会将拿到手中的商品放回去。如所陈列的商品不易取、不易放回的话，也许就会丧失了将商品销售出去的机会。

（四）令人感觉良好的陈列原则

1. 清洁感

不要将商品直接陈列到地板上。无论什么情况都不可将商品直接放到地板上，注意去除货架上的锈、污迹，有计划地进行清扫，对通道、地板也要时常进行清扫。

2. 鲜度感

保证商品质量良好，距超过保鲜期的日期较长，距生产日期较近；保证商品上下不带尘土、伤疤、锈；使商品的正面面对顾客；提高商品魅力的POP（卖点广告）也是一个重要的因素。

3. 新鲜感

符合季节变化，不同的促销活动使卖场富于变化，不断创造出新颖的卖场布置；富有季节感的装饰；设置与商品相关的说明看板，相关商品集中陈列；通过照明、音乐渲染购物氛围；演绎使用商品的实际生活场景；演示实际使用方法促进销售。

（五）信息放大化原则

通过视觉提供给顾客的视觉信息是非常必要的，顾客由陈列的商品上获得信息；陈列的高度、位置、排列、广告牌、POP……

（六）控制成本及损耗原则

为了提高收益性，要考虑将高品质、高价格收益性的商品与畅销品搭配销售。要注意商品陈列的适时性，降低容器、备品成本；同时，要提高效率，防止商品的损耗。

二、商品陈列的类型

（一）纵向陈列和水平陈列

纵向陈列是指同类商品从上到下地陈列在一组货架内，顾客一次性就能轻而易举地看清所有的商品。水平陈列是把同类商品按水平方向陈列，顾客要看清全部商品，需要往返好几次。因此，应尽量采用纵向陈列。

（二）廉价陈列和高档陈列

花车陈列属于廉价陈列，它给顾客一种廉价的感觉，能够刺激顾客的购买欲望。专柜需要给顾客高档的感觉，可以用豪华的货架和灯光处理的方法制造高档的感觉。

（三）样品陈列

商场专柜中具有代表性的商品单独展示，如服装，用模特衣架向顾客展示新款式，以立体的方式展现出来。

（四）活动式陈列

对于一些商品，可以采用活动式的陈列，如服装，营业员选取其中一款，作为制服穿在身上，这也是一种销售技巧，营业员本身就在生动形象地直接给商品做着一种引人注目的最佳效果的展示（这一点应只限于休闲服装）。

三、商品陈列的技巧

（一）定型陈列与立体陈列的要点

①所陈列的商品要与货架前方的“面”保持一致。

②商品的“正面”要全部面向通路一侧。

③避免顾客看到货架隔板及货架后面的挡板。

④陈列的高度，通常使所陈列的商品与上段货架隔板保持可伸进一个手指的距离。

⑤陈列商品间的距离一般为 2～3 毫米。

⑥在进行陈列的时候，要核查所陈列的商品是否正确，并安放宣传板、店堂广告（POP）。

（二）左右结合，吸引顾客

一般来说，顾客进入商场后，眼睛会不由自主地首先看向左侧，然后转向右侧。这是因为人们看东西是从左向右的，即印象性地看左边的东西，安定性地看右边的东西。在国外已有许多商场注意到人类工程学的这个特点。利用这个购物习惯，将引人注目的物品摆放在商场左侧，迫使顾客停留，以此吸引顾客的目光，充分发挥商场左侧方位的作用，变不利因素为有利因素，促使商品销售成功。然而在国内的一些商场，摆放商品大多是无意识的，缺少科学根据，较少考虑顾客的购物特点。其实，中国人的这个特点在其他方面表现也比较突出，如走路朝右边走，有一种安定感；吃饭用右手，形成固定姿势……在人们的心目中，右方是安全的、稳定的。所以，商场的经营者可充分利用这一特征，借商品摆放的不同位置，给顾客以不同效应，最大限度地吸引顾客的注意力。

（三）相对固定，定期变动

从顾客的角度讲，大多喜欢商品摆放相对固定。这样，当再次光顾商场时，可减少寻找商品的时间，提高购物效率。商场针对顾客这一心理特点，不妨将物品放在固定的地方，方便顾客选购。但长此以往，又易于失去顾客对其他物品的注意，且产生一种陈旧呆板的感觉。因而也可在商品摆放一段时间后，调整货架上的货物，使顾客在重新寻找所需物品时，受到其他物品的吸引，同时对商场的变化产生耳目一新的感觉。不过，这种变化如果过于频繁，会导致顾客的反感，认为商场缺乏科学化的安排，混乱不堪，整日搬家，继而产生烦躁不安的心理。

所以，商品的固定与变动应是相对的、适应的。一般一年变动一次为宜。

（四）售货交款之间拉开距离

目前，许多商场柜台售货，采取在收款台统一交款的方法。这是便于财务管理的一个措施，同时含有更重要的意义。有时人们进入商场总比原来预计要买的物品多，这就是由于商品刻意摆放对顾客心理影响的缘故。商场可设计多种长长的购物通道，避免从捷径通往收款处和出口。当顾客走走看看或寻找收款处时，便可能看到其他一些引起购买欲的物品，所以，商场的各收款台位置可有意识地设在离商品稍远的地方，促使顾客交款的同时，再被其他商品吸引，产生购买欲。

第三章 堆　　码

学习目标

通过本章学习，了解堆码的基本内容，掌握堆码技术方法和操作流程。

堆码也称码垛，就是将存放的商品整齐、规划地摆放成货垛的作业，也就是根据商品的包装外形、重量、数量、性能和特点，结合地坪负荷、储存时间，将商品分别堆成各种垛形。合理的堆垛是商品保管保养的一项重要工作，也是仓库搞好商品管理的一个重要环节。

第一节　堆码形式的确定

一、堆码技术概述

商品堆码的合理与否，对于储存商品的完好、仓容利用程度及安全作业等都有很大关系。合理的堆码是保证商品不变形、不受损的重要条件，同时，也是提高仓储作业效率，减少差错的必要措施。为了保证商品堆码的合理，又能达到充分利用仓容的目的，进行商品堆码时，对堆码的方式、形状、高度等需要进行科学的研究及必要的计算。

（一）商品堆码的原则

商品堆码是一项技术性的工作。因此，企业或组织在进行商品堆码时应当遵循以下基本原则：

1. 简单方便

在实际操作中，垛形应尽量简化，使其容易堆码，便于物品的收发查点，有利于实现装卸搬运机械化。人工作业时，垛形高度不宜过高，尽可能采取立柱式或框架式托盘堆码。

2. 整齐美观

堆码排列和垛形本身横竖成线，实行“五五化”堆码，过目成数，标记垛签明显可见，但不宜要求过高过严，以免造成人力、物力的浪费。

3. 科学合理

当根据商品的性质、大小、容量、形状、数量、包装等不同情况确定相应的堆码方式时，要按照商品的不同品种、规格、型号、等级、生产厂、进货批次等分别堆垛；同时，要贯彻先进先出的原则，创造良好的保管条件。

4. 稳固安全

垛基要坚实牢固，能承受货垛的全部重量，单位面积的储存量应小于地坪最大承载能力，货垛高度要适宜，保证最下层的商品或包装不受损坏。另外，还要做到降低货垛的重心，保持一定的垂直度，进行必要的加固，增强货垛的整体性和稳定性，以防止货垛倒塌。

（二）商品堆码的要求

各种商品因其包装、性能、形状不同，就有各种不同的堆码方式。即使是同一种商品，因储存条件不同，其堆码方式也有所不同。商品的堆码方式是随着保管技术的不断提高而不断改进的。

1. 对堆码场地的要求

堆码场地可分为三种：库房内堆码场地、货棚内堆码场地、露天堆码场地。不同类型的堆码场地，进行堆码作业时，会有不同的要求。

（1）库房内堆码场地

用于承受商品堆码的库房地坪，要求平坦、坚固、耐摩擦，一般要求 1 平方米的地面承载能力为 5～10 吨。堆码时货垛应在墙基线和柱基线以外，垛底须适当垫高。

（2）货棚内堆码场地

货棚是一种半封闭式的建筑，为防止雨雪渗漏、积聚，货棚堆码场地四周必须有良好的排水系统，如排水沟、排水管道等。货棚内堆码场地的地坪应高于棚外场地，并做到平整、坚实。堆码时，货垛一般应垫高 20～40 厘米。

（3）露天堆码场地

露天货场的地坪材料可根据堆存货物对地面的承载要求，采用夯实泥地、铺沙石、块石地或钢筋水泥地等。应坚实、平坦、干燥、无积水、无杂草，四周同样应有排水设施，堆码场地必须高于四周地面，货垛必须垫高 40 厘米。

2. 对堆码商品的要求

商品在正式堆码前，须达到以下要求：

①商品的名称、规格、数量、质量已全查清。

②商品已根据物流的需要进行编码。

③商品外包装完好、清洁、标志清楚。

④部分受潮、锈蚀以及发生质量变化的不合格商品，已加工恢复或已剔除。

⑤为便于机械化作业，准备堆码的商品已进行集装单元化。

3. 堆码操作的要求

(1) 安全

堆码的操作工人必须严格遵守安全操作规程；使用各种装卸搬运设备，严禁超载，同时，还须防止建筑物超过安全负荷量。码垛必须不偏不斜，不歪不倒，牢固坚实，以免倒塌伤人、摔坏商品。

(2) 合理

不同商品的性质、规格、尺寸不相同，应采用各种不同的垛形。不同品种、产地、等级、单价的商品，须分别堆码，以便收发、保管。货垛的高度要适度，不压坏底层的商品和地坪，与屋顶、照明灯保持一定距离；货垛的间距，走道的宽度、货垛与墙面、梁柱的距离等，都要合理、适度。垛距一般为 0.5～0.8 米，主要通道为 2.5～3 米。

(3) 牢固

码垛时必须牢固，不压坏底层物品的包装。地坪、垛顶与库梁下距离不得小于 1 厘米，并与墙壁、柱子保持一定距离，以确保堆垛稳固安全。

(4) 定量

每垛、每行、每层的物品数量力求成整数，便于检查和盘点，商品不能成整数时，每层应明显分隔，标明重量，大宗商品尽量做到定量存放，分堆分层堆码。

(5) 方便

货垛行数、层数，力求成整数，便于清点、收发作业。若过秤商品不成整数时，应分层标明重量。

(6) 整齐

货垛应按一定的规格、尺寸叠放，排列整齐、规范。商品包装标志应一律朝外，便于查找。

(7) 节约

堆垛时应注意节省空间位置，适当、合理安排货位的使用，提高仓容利用率。

4. 对某些有特殊要求的商品堆码

(1) 对于怕压的物品

要根据商品承受力的大小，适当控制货垛高度。另外，为了充分利用仓库容积，可以利用货架摆放。

(2) 对于需要经常通风的商品

堆码时可在每件或每层的前后左右留出一定的空隙。

(3) 对于容易渗透的物品

货垛不宜过大，适宜排列成行，行与行之间留出适当空隙。

(4) 对于各种易燃、易爆及易炸物等

应当设立危险品库房单独存放，储放场所应干燥、通风、阴凉，库内电器、照明等设备应采用防爆装置，并设有消防安全措施。

(5) 腐蚀品

应单独存放，避免露天存放，适宜在干燥、阴凉、通风场所，堆码不宜过高，要经常进行检查，注意防腐蚀，切忌水浸，防止爆炸事故发生。

(6) 毒害品

都应单独存放，严密保存，储放场所应干燥、阴凉、通风。在装卸搬运时，搬运人员应有防护设备，防止中毒事故的发生。

(三) 商品堆码的方法

商品堆码方法有散堆法、货架堆码法、垛堆法。根据商品的特点选择不同的堆码方法，堆码商品常用的技术方法有直码、压缝码、交叉码、连环码、梅花码等。

要根据商品的品种、性质、包装、体积、重量等情况，同时，依照仓库的具体储存要求和有利于商品库内管理来确定商品的堆码形式，做到科学合理。

(四) 商品堆码的五距

商品堆码要做到货堆之间，货垛与墙、柱之间保持一定距离，留有适宜的通道，以便商品的搬运、检查和养护。要把商品保管好，“五距”很重要。五距是指顶距、灯距、墙距、柱距和堆距。

顶距是指货堆的顶部与仓库屋顶平面之间的距离。留顶距主要是为了通风，平顶楼房，顶距应在50厘米以上为宜。

灯距是指在仓库里的照明灯与商品之间的距离。留灯距主要是防止火灾，商品与灯的距离一般不应少于 50 厘米。

墙距是指货垛与墙的距离。留墙距主要是防止渗水，便于通风散潮。

柱距是指货垛与屋柱之间的距离。留柱距是为防止商品受潮和保护柱脚，一般留 10～20 厘米。

堆距是指货垛与货垛之间的距离。留堆距是为便于通风和检查商品，一般留 10 厘米即可。

二、堆垛设计的基本内容

实际业务中，为了达到堆码的基本要求，企业必须根据保管场所的实际情况、装卸搬运条件和技术作业过程的要求，对商品堆垛进行总体设计。堆垛设计的内容主要包括垛基、垛形、货垛参数、堆码方式、货垛苫盖以及货垛加固等。

（一）垛基

垛基是货垛的基础，垛基的主要作用是承受整个货垛的重量，将商品的垂直压力传递给地基。同时，将物品与地面隔开，起到防水、防潮和通风的作用。另外，垛基空间还为搬运作业提供了方便的条件。

因此，对垛基的基本要求是将货物的重量均匀地传递给地坪，保证良好的防潮和通风，并且确保垛基上存放的商品不发生变形的情况。

（二）垛形

垛形是指货物码放的外部轮廓形状。

在实际操作中，要根据商品的特性、保管的需要来确定垛形，能实现作业方便、迅速和充分利用仓容的原则。

仓库常见的垛形有以下几种：

1. 平台垛

平台垛是先在底层以同一个方向平铺摆放一层货物，然后垂直继续向上堆积，每层货物的件数、方向相同，垛顶呈平面，垛形为长方体。如图 3－1 所示。

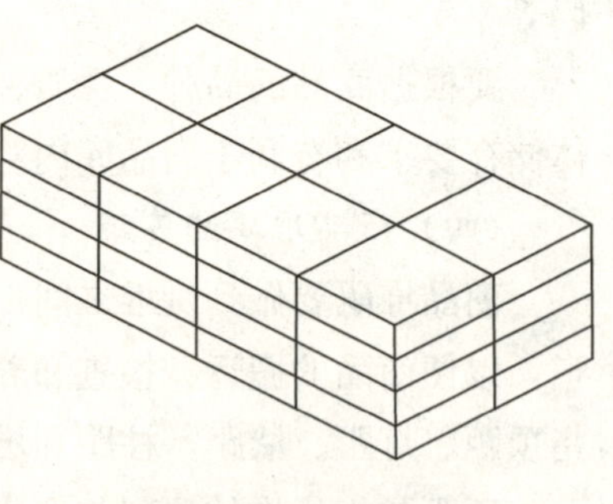

图 3－1　平台垛

平台垛只适用在仓库内和无须遮盖的堆场堆放的货物码垛。当然，在实际堆垛往往从一端开始，逐步后移。平台垛适用于包装规格单一的大批量货物，包装规则，能够垂直叠放的方形箱装货物、大袋货物、规则的软袋成组货物、托盘成组货物。

平台垛具有整齐、占地面积小、便于清点、堆垛作业方便的优点。但是，平台垛形的稳定性较差，特别是小包装、硬包装的货物有货垛端头倒塌的危险。所以，在必要时要在两端采取加固措施。对于堆放很高的轻质货物，往往在堆码到一定高度后，向内收半件货物后再向上堆码，以保证货垛稳固。

2. 起脊垛

起脊垛是用于堆场场地堆货的主要垛形，货垛表面的防雨遮盖从中间起向下倾斜，便于雨水下排，防止弄湿货物。起脊垛先按平台垛的方法码垛到一定的高度，以卡缝的方式逐层收小，将顶部收尖成屋脊形。如图 3－2 所示。

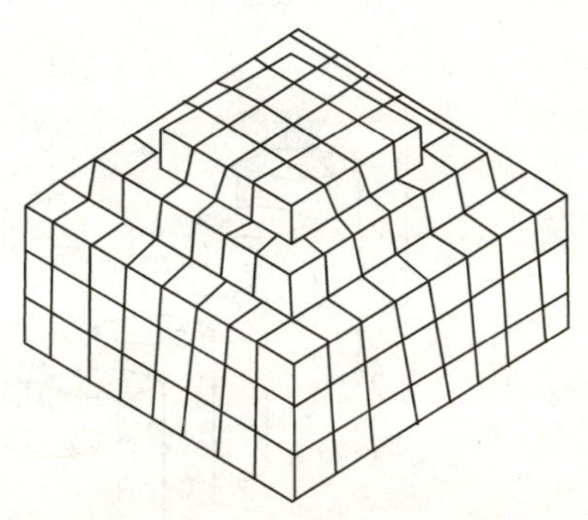

图 3－2　起脊垛

有些仓库由于陈旧或建筑简陋有漏水现象，仓内的怕水货物也采用起脊垛堆垛并遮盖。

起脊垛具有平台垛操作方便、占地面积小的优点，适用平台垛的货物都可以采用起脊垛堆垛。但是，起脊垛由于顶部压缝收小，形状不规则，无法在垛堆上清点货物，顶部货物的清点需要在堆垛前以其他方式进行。

另外，由于起脊的高度使货垛中间的压力大于两边而采用起脊垛时库场使用定额要以脊顶的高度来确定，以免中间底层货物或库场被压损坏。

3. 立体梯形垛

立体梯形垛是在最底层在同方向排放货物的基础上，向上逐层同方向减数压缝堆码，垛顶呈平面，整个货垛呈上小下大的立体梯形形状。如图 3－3 所示。

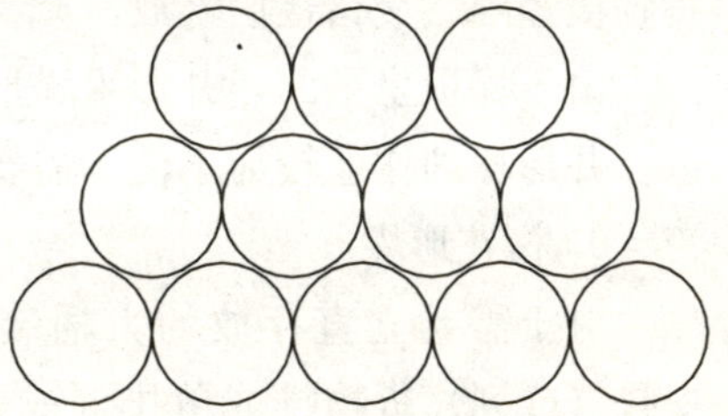

图 3－3　立体梯形垛

立体梯形垛用于包装松软的袋装货物和上层面非平面而无法垂直叠码的货物的堆码。为了增加立体梯形垛的空间利用率，在堆放可以立直的筐装、矮桶装货物时，底部数层可以采用平台垛的方式堆放，在一定高度后才用立体梯形垛。立体梯形垛极为稳固，可以堆放得较高，仓容利用率较高。

4. 行列垛

行列垛是将每批货物按件排成行或列，每行或列一层或数层高，垛形呈长条形。如图 3－4 所示。

行列垛用于存放批量较小货物的库场码垛使用，如零担货物。为了避免混货，每批独立开堆存放。长条形的货垛使每个货垛的端头都延伸到通道边，可以直接作业而不受其他货物阻挡。行列垛每垛货量较少，垛与垛之间都需留空，垛基小而不能堆高，使得行列垛占用库场面积大，库场利用率较低。

5. 井形垛

井形垛用于长形的钢材、钢管及木方的堆码。如图 3-5 示。

图 3-4 行列垛

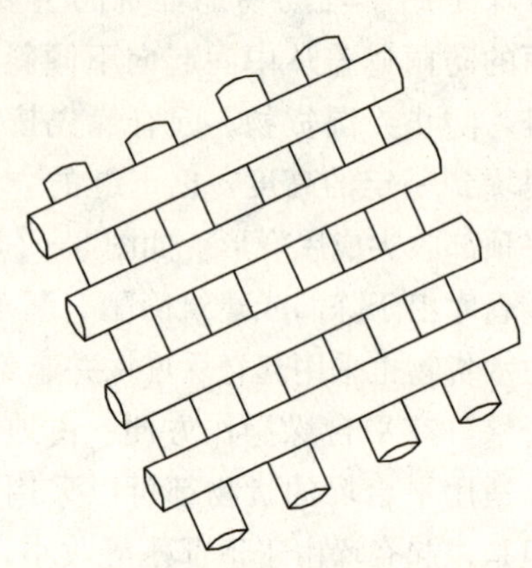

图 3-5 井形垛

井形垛是在以一个方向铺放一层货物后，再以垂直的方向铺放第二层货物，货物横竖隔层交错逐层堆放。

由于垛顶呈平面，井形垛垛形稳固，但层边货物容易滚落，需要捆绑或者收进。井形垛的作业较为不便，需要不断改变作业方向。

6. 梅花形垛

对于需要立直存放的大桶装货物，将第一排（或列）货物排成单排（或列），第二排（或列）的每件靠在第一排（或列）的两件之间卡位，第三排（或列）同第一排（或列）一样，而后每排（或列）依次卡缝排放，形成梅花形垛。如图 3-6 所示。

图 3-6 梅花形垛

梅花形垛货物摆放紧凑，充分利用了货件之间的空隙，节约库场面积。

对于能够多层堆码的桶装货物，在堆放第二层以上时，将每件货物压放在下层的三件货物之间，四边各收半件，形成立体梅花形垛。

（三）货垛参数

货垛的长、宽、高，就是货垛参数。一般来说，首先需要确定的是货垛的长度和宽度，包装成件物品的垛长应为包装长度或宽度的整数倍；而货垛的宽度应根据库存物品的性质、搬运方式、数量多少、要求的保管条件以及收发制度等确定。

货垛高度主要根据库房高度、物品本身和包装物的耐压能力、地坪承载能力、装卸搬运设备的类型和技术性能等因素来确定。

（四）堆码方式

商品的堆码方式主要取决于商品本身的性质、体积、形状、包装等。

一般情况下多采取卧放，使重心最低，最大接触面向下，稳定牢固，但实际情况中也有些商品不宜平放堆码，必须竖直立放。

（五）货垛加固

为了防止货垛倒塌，对某些稳定性较差的货垛应当进行必要的加固，目的是为了增加货垛的整体性。目前常用的货垛方法有两侧立挡柱、层间加垫板、两侧加楔形木、使用钢丝拉连等。

三、堆码形式的计算

就是依据商品性能、数量、体积和形状，地坪载重量等确定垛形、底层排列和可堆高层数，计算货垛的占地面积，在计算占地面积、确定垛高时，必须注意上层商品的重量不得超过底层商品承载能力。整个货垛的压力不得超过地坪的最大载重量。

（一）货垛可堆高层数的计算

货垛可堆高层数计算，可分为两种：一种是在库房地坪安全负载范围内不超重的计算方法；另一种是在库房可用高度范围内不超高的计算方法。

1. 货垛不超重，可堆高层数的计算方法

库房载重量是根据建筑部门核定的安全负载决定的。通常是以千克/平方米为单位。货垛不超重，就是指在安全负载范围内进行堆垛。所以，在商品堆垛之前，应预先计算货垛不超重，商品可堆高层数。

以一件商品的占地面积计算，计算公式为：

$$\text{不超重可堆高层数}=\frac{\text{每件商品实占面积}\times\text{每平方米核定载重量}}{\text{每件商品毛重}}$$

以一批商品整垛的占地面积计算，公式为：

$$\text{不超重可堆高层数}=\frac{\text{整垛商品实占面积}\times\text{每平方米核定载重量}}{\text{每层件数}\times\text{每件商品毛重}}$$

2. 货垛不超高可堆高层数计算方法

货垛不超高可堆高层数，是指货垛不超过可用高度的可堆高层数，计算公式为：

$$\text{不超重可堆高层数}=\frac{\text{库房可用高度}}{\text{每件商品高度}}$$

（二）货垛底层排列

货垛底层排列要先测算可堆高层数，再进行货垛底层排列。货垛底层排列有两个内容：一是货垛底数的安排；二是货垛底形的安排。

货垛底层排列时，根据可堆高层数，先排底数；再根据商品外包装占地面积和堆垛要求，排出底形。对于箱装、规格整齐划一的商品可参照下列公式计算：

1. 底数计算

底数多少与占用货位面积的大小成正比。公式为：

$$\text{底数}=\frac{\text{货垛总件数}}{\text{可堆高层数}}$$

2. 底形排列

底形排列是根据商品实占面积与货位的深度和宽度综合考虑排列的。底形排列关系到货垛的稳固、点数和发货的方便，应予以重视。

（三）货垛实占面积

货垛底数、每件商品底面积和底形排列直接影响货垛实占面积。公式为：

$$\text{货垛的实占面积}=\frac{\text{货垛总件数}\times\text{每件商品底面积}}{\text{可堆层数}}$$

$$=\text{底数}\times\text{每件商品底面积}$$

第二节　堆码技术和方法

一、货垛堆码法

货垛堆码法适用于存放有外包装的商品，如箱、包、桶、袋等，或不需要包装的大宗商品，如钢材、木材箱包等。商品的性能不同，规格不同，包装各异，外形多样，则货垛堆码形式较多。常用的货垛形式有：重叠式、纵横交错式、仰伏相间式、压缝式、栽柱式、通风式、衬垫式、宝塔式等。有的垛形可以结合使用。有些垛形（如金属型材的仰伏相间式、盘条的鱼鳞式）将随着堆码作业机械化水平的提高而逐渐被淘汰。各种垛形如图 3－7～图 3－14 所示。

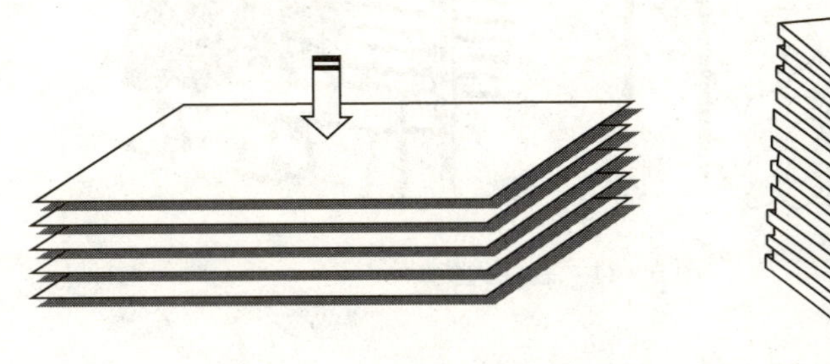
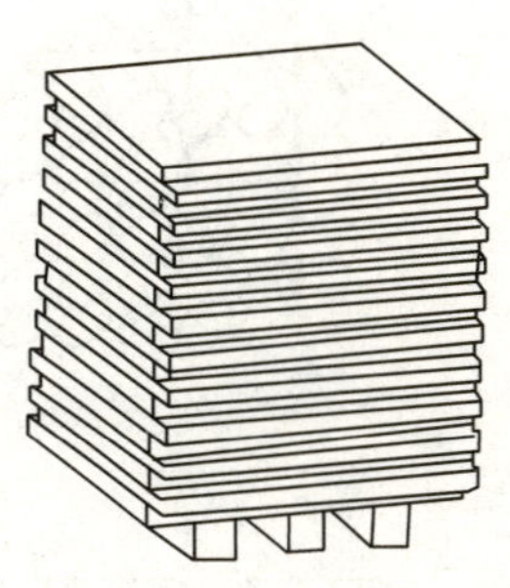

图 3－7　重叠式货垛

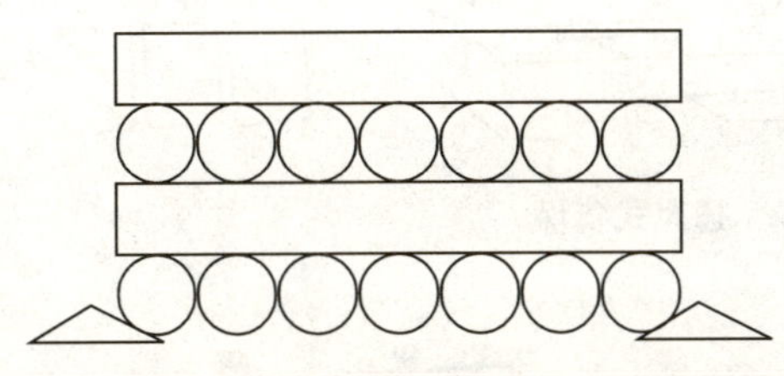
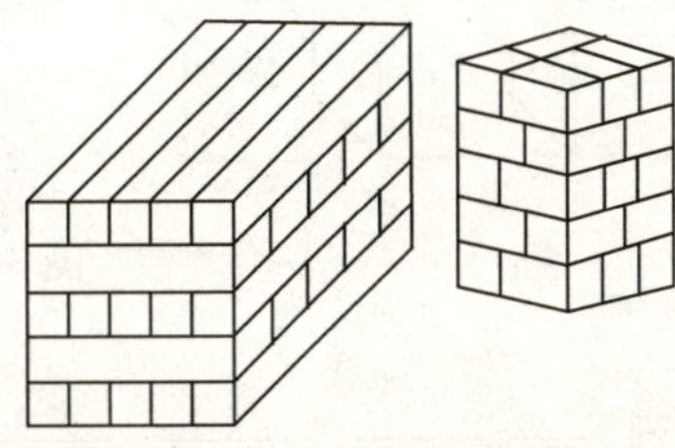

图 3－8　纵横交错式货垛

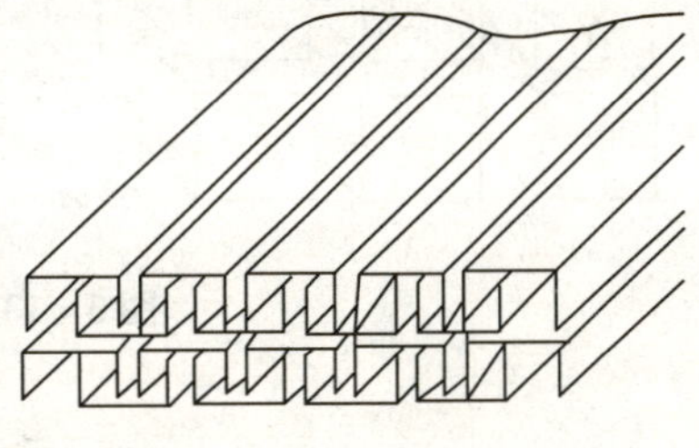

图 3－9　仰俯相间式货垛

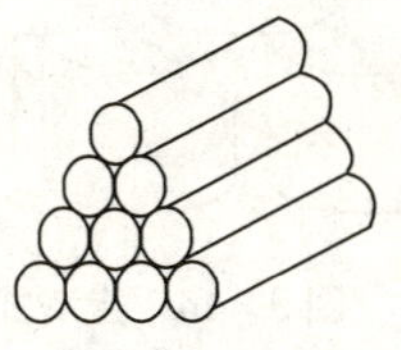

图 3－10　压缝式货垛

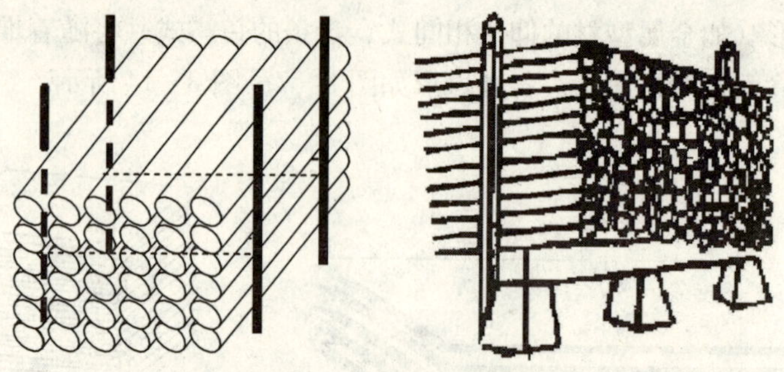

图 3-11　栽柱式货垛

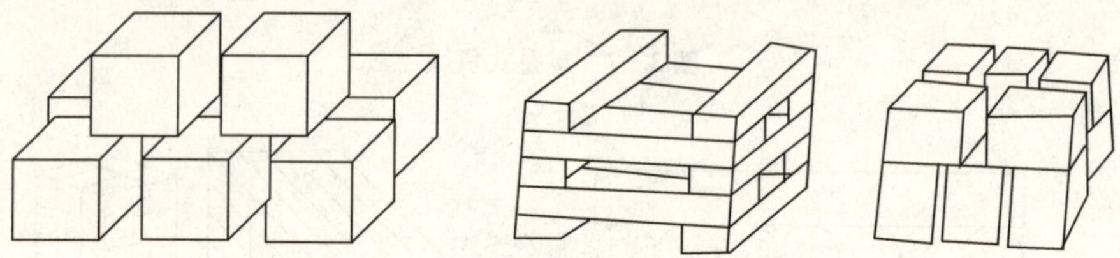

图 3-12　通风式货垛

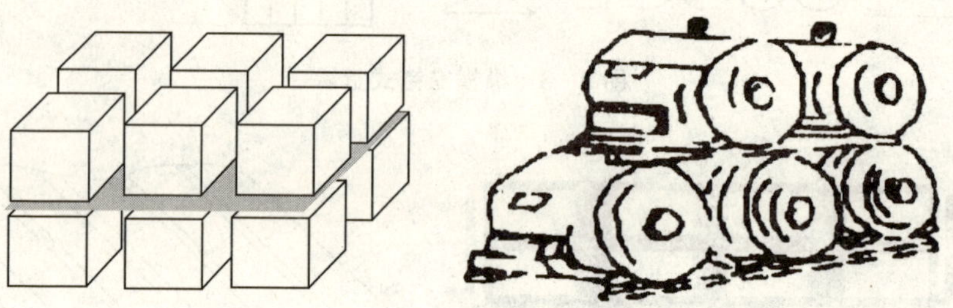

图 3-13　衬垫式货垛

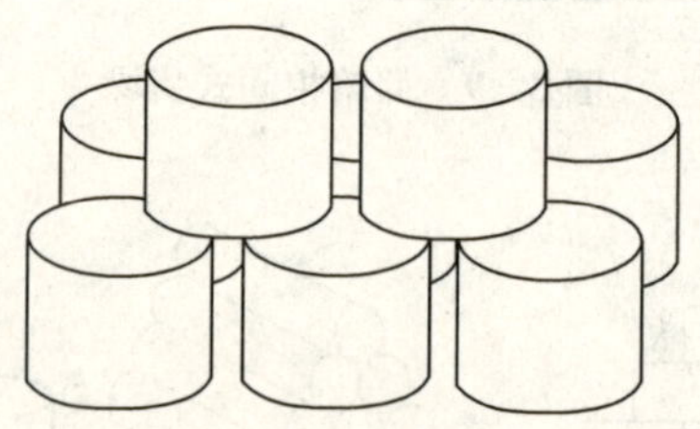

图 3-14　宝塔式货垛

二、货架堆码法

图 3-15 货架堆码法

用货架堆码商品，能够提高仓容利用率，便于对商品的维护保养，使库房内外整齐美观。在使用货架堆码时，要在库房地坪、货场地面负荷能力允许的条件下，尽量向空中发展。要根据商品性能特点、设备条件，积极开展技术改造，努力设计和制作既经济方便又能充分利用仓容的各种货架。如图 3-15 所示。

三、散堆法

图 3-16 散堆法

散堆法适用于露天存放的没有或不需要包装的各种大宗商品。如煤炭、生铁等。露天存放商品的数量有的占仓库总库存量的70%以上。散堆法在商品堆码中占有重要的地位。运用散堆法应注意：堆码场地要夯实平整，道路畅通；堆码要整齐划一，做到分堆储存，按品种、规格成型，循环清底，账物相符；堆码的货垛要保持规定的温湿度，做到热天不自燃，下雨不流失，刮风不飞扬，损失不超过国家标准。如图 3-16 所示。

四、托盘化堆码法

图 3-17 托盘化货垛

托盘化是将散装或散件商品，用托盘或货箱或捆扎等方法，组合成若干个较大的集装单元，即将商品码放在托盘上、卡板上或托箱中，便于成盘、成板、成箱地叠放和运输。这样就可使原来不能用机械作业的商品能采用机械作业，对加快堆垛、装卸、运输速度，提高仓容利用率及保管好商品等具有重要的意义。国外的托盘化储存早已普遍推广使用。我国目前正在发展应用。实践证明，托盘化方法是我国目前条件下，提高某些散装商品的堆码、装卸、搬运等作业效率的有效方法。如图 3－17 所示。

五、五五化堆放法

“五五化”是以五为基本计量单位，根据商品的不同形状，码成各种总数为五的倍数的货架。由于“五五化”堆码本身只能解决商品堆码中每层每垛的计算方法，并不解决垛形问题。因此，各种不同的商品有不同的五五化垛形。如外形较大的可五五成方、较高的商品可五五成行、较小的商品可五五成包、带眼的商品可五五成串等。在确定各种五五化堆码时，同样必须符合上述堆码的基本要求。这里需注意的是，不要片面地追求形式上的“五五化”，采用五五化堆放也应因地制宜。如图 3－18 所示。

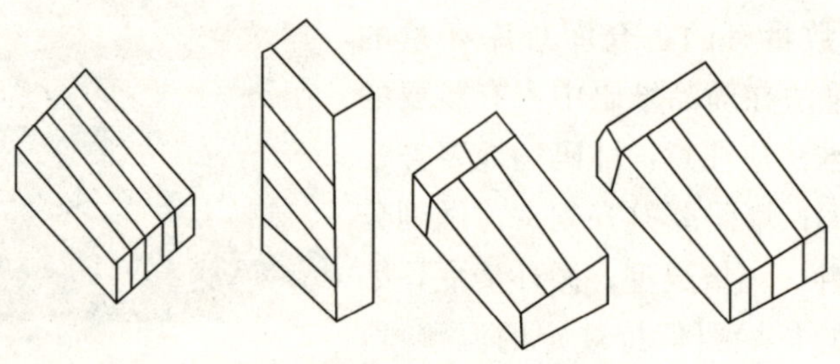

图 3－18　“五五化”堆放

五五堆码方法能把大小不一、形状各异、无规则的商品摆放成较有规则的各种定量包装或货垛，这样堆码能做到过目知数，美观整齐，清点方便，不易出差错，收发快，效率高，便于盘点和保管。

第三节　堆码作业操作过程

堆码作业需要根据具体的情况设计、实施作业流程。基本作业流程如下：

分析堆码商品的情况→安排堆码作业区→设计堆码垛形→准备堆码设备、工具→组织实施堆码作业→堆垛、码放→垛形检查。

第四章　苫　垫

通过本章学习，了解垫垛和苫盖的材料、目的及要求，掌握苫垫的方法，熟悉苫垫作业操作流程。

物品苫垫是指用某些材料对货垛进行苫盖和铺垫的操作和方法。在储存保管中进行合理的上盖和下垫，是保护物品质量的必要措施。

物品苫垫是否合理将关系到储存物品的安全和质量，在具体选择苫垫方式时，应根据物品的性能、季节气候的变化以及是否便于物品的管理来决定。

第一节　苫垫技术与方法

一、垫垛

（一）垫垛的材料和目的

垫垛是指在物品码垛前，在预定的货位地面位置，根据物品保管的要求和堆放场所的条件，使用适合的衬垫材料进行铺垫。目前常用的垫垛材料有石墩、石条、水泥墩、水泥条、枕木以及防潮纸等。如图 4－1 所示。

图 4－1　各种垫垛材料

库房和货场的垫垛高度要求有所区别。首先，由于货场上的商品有被雨、雪浸淋的可能，所以，垫垛要比库房地面高些。其次，货场地势的高低、排水能力的大小、地质松软程度等影响衬垫的高低。货场和库房的衬垫材料也有所不同。一般货场多用水泥墩、石块、枕木等垫垛，而库房一般用垫板、枕木等。

货板应采用标准尺寸。根据国际标准化组织（ISO）的规定，货板尺寸有800毫米×1200毫米、1200毫米×1600毫米，我国常用的有：2000毫米×1200毫米、2000毫米×1100毫米、1800毫米×1100毫米等几种尺寸。

图4-2 垫垛

由于垫垛是一项重复而又繁重的劳动，采用固定式的垛基，可以不移动地重复使用，节省劳动力，提高作业效率。

垫垛的目的是使物品与地面隔离，避免地面潮气自垛底侵入，并使垛底通风；通过强度较大的衬垫物使重物的压力分散，减少物品对地坪的压力；避免地面污染物污染货垛物品。如图4-2所示。

（二）垫垛方法

在露天货场垫垛，首先要平整夯实货场的地面，以免堆垛后地面下沉而造成倒垛事故。然后，再摆放水泥墩、石墩或建固定式垛基，墩与墩之间留有一定的间距，促使空气流通，必要时在垫墩上铺上一层防潮纸，而后再放置储存商品。垫垛时若货垛重量较大，可适当增加衬垫物的密度，但仍需注意通风，且衬垫物的负重要均衡，以防货垛和商品变形。

垫垛的高度，露天货场可保持在40厘米上下；库房和货棚内要根据地坪和商品防潮要求而定，如水泥地面一般只须垫仓板、枕木或水泥条，高度达20厘米以上即可。楼层干燥地面可以不垫，只铺一层防潮纸。而对化工材料、动植物制品以及易受潮霉变的商品，应尽可能加高垫层，使垛底通风良好。

（三）垫垛注意事项

垫垛时要注意以下几点：

①必须保证货物不受水浸或潮湿，通风要良好。

②露天货场的地面一定要铺平夯实，以免堆垛后地面下沉造成货垛倾斜倒塌。

③垫垛材料要铺平放整，计算每块和每条垫板的负重，不得超过垫垛材料和地坪的负重限额。

④合理使用垫垛材料，注意节约和保管。

（四）衬垫物数量的确定

一些单位质量大的物品在仓库中存放时，如果不能有效分散物品对地面的压强，则仓库的地面可能会受到损伤。因此，需要考虑在物品底部和仓库地面之间衬垫木板或钢板。

衬垫物的使用量除考虑将压强分散为仓库地坪载荷的限度之内，还需要考虑这些库用消耗材料所产生的成本。因此，需要确定使压强小于地坪载荷的最少衬垫物数量。

计算公式为：

$$n=\frac{Q_{物}}{lwq-Q_{自}}$$

式中：n——衬垫物数量；

$Q_{物}$——物品自重，千克；

l——衬垫物长度，米；

w——衬垫物宽度，米；

q——仓库地坪承载能力，千克/平方米；

$Q_{自}$——衬垫物自重，千克。

二、苫盖

货场存放的商品，除了应垫垛外，一般还需苫盖，以防止商品直接受雨、雪、露、霜的侵蚀和日光的暴晒。商品的苫盖是商品保管工作中的一项重要内容。商品堆垛时，要根据储存商品的不同性质和保管要求，注意选择和堆成可以苫盖的垛形，以便采用不同的苫盖材料和采取又快、又好、又省的苫盖方法。

1. 苫盖材料和要求

苫盖材料的选择应符合“防火、安全、经济、耐用”的要求。目前常用的苫盖材料有铁皮、芦席、竹席、油毡、塑料布、苫布、玻璃钢瓦等。在易燃易爆品仓库里，不得使用芦席、油毡纸等易燃的苫盖物。对有排水性能，不怕雨、雪、风、露、霜以及日光侵蚀的商品，或使用时必须进行再加工的原材料，如生铁等，也可以不进行堆垛和苫盖。

不论使用何种苫盖物，货垛苫盖时不要留空隙，垛顶斜面必须平整，以免下雨积水渗入垛内。垛底的垫木、垛基等不可露在苫盖物外面，以防雨水顺沿渗入垛内。苫盖物不能苫到地面，阻止垛底通风。苫盖后必须将苫盖物拴紧扎牢，以防被风掀起。使用苫盖材料要注意节约和保管。

2. 苫盖方法

苫盖的方法一般有以下几种：

(1) 就垛苫盖法

将苫盖材料直接覆盖在货垛上的苫盖法。此方法操作简便，一般适用于屋脊形货垛或大件包装商品的苫盖。如图 4－3 所示。

(2) 鱼鳞式苫盖法

将苫盖材料自货垛的底部逐层向上围盖，从外形看呈鱼鳞状。如图 4－4 所示。商品顶部或四周如需要通风时可将席子下部反卷来隔离垫垛。鱼鳞式苫盖法具有较好的通风条件，但每件苫盖材料都需要固定，操作比较烦琐复杂。

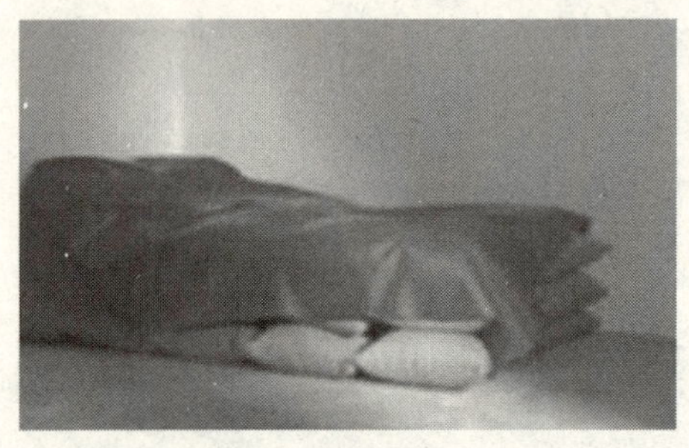

图 4－3　就垛苫盖

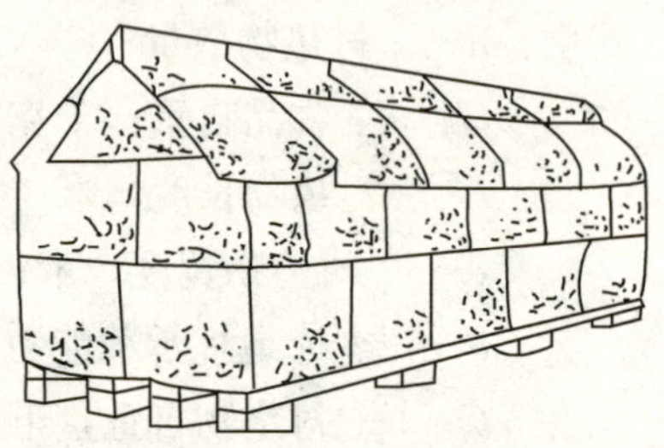

图 4－4　鱼鳞式苫盖

(3) 隔离苫盖法

与就垛苫盖法的区别在于苫盖材料与货垛商品不直接接触，而是采用隔离物使苫盖材料与货垛间留有一定的空隙。其优点是利于垛内通风散潮，又便于排水，防止雨水渗透。如图 4－5 所示。

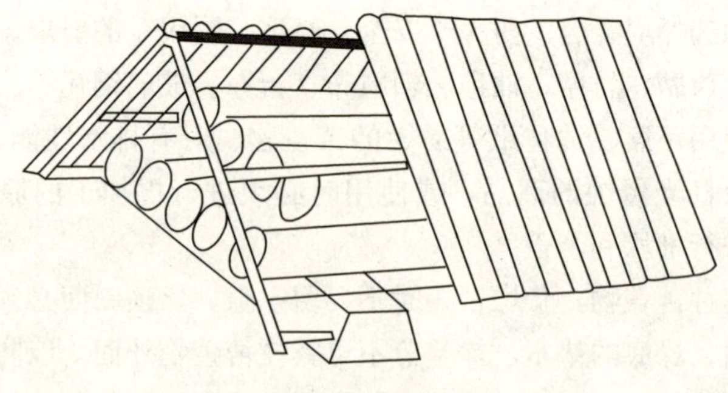

图 4－5　隔离苫盖

（4）活动棚架苫盖法

利用废次钢材或木材，根据堆垛形状制成棚架，在棚架上面及四周铺围铁皮、玻璃钢瓦等物，并在棚柱底部装上轮子。整个货棚可沿着固定轨道移动，其外形与固定棚架相似。其优点是：不需要随着商品的进出而启盖苫盖物，可节约大量苫盖材料及费用；加快商品的出入库速度；苫盖及时，通风透气，便于盘点和检查；同时，还具有制作简便，使用性强和使用年限长等特点。如图 4－6 所示。

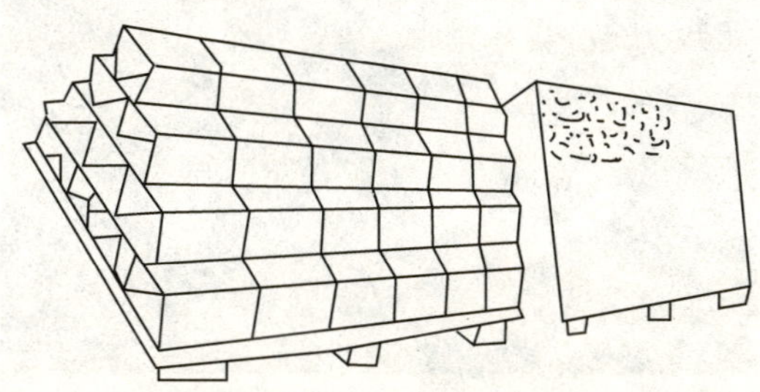

图 4－6　活动棚架苫盖

第二节　苫垫作业操作过程

篷布苫盖作业流程（摘自日照港第三港务公司）。

一、准备工作

按照作业规程填记“篷布交接单”领取篷布。

二、检查标准

1. 车辆状态

①丁字铁无残留旧绳头、铁线等废弃物。

②易于损坏篷布货物，在篷布与货物之间采取防磨或防护措施。

③需加固货物完毕。

④车辆中门、小门按规定捆绑完毕。

2. 篷布状态

①篷布平铺展开，查看布体是否完整，无破损，眼圈完好，标记、号码完整

清晰。

②绳索完整齐全，无接头，插接牢固。

③腰绳与篷布连接正确：腰绳要穿过穿绳布，一端从眼圈穿出后，绳头再向回，从腰绳和篷布间穿过，打一个活结；另一端从眼圈穿过后，向回打一个死结。相邻两腰绳活结、死结位置交错，如图 4-7 所示。

图 4-7 腰绳和篷布正确连接

三、篷布苫盖、捆绑

1. 初步苫盖篷布

正面向上纵向苫盖篷布，无端绳一侧苫在车辆中部。

2. 调整篷布下垂高度

调整货车两侧、端部篷布下垂高度，保持两侧下垂高度一致，手制动闸一端下垂 300～400 毫米，另一端下垂 500 毫米左右。苫盖 D 形篷布时，无人力制动机一端的下垂高度可超过 500 毫米，但不得影响压绳的使用，如图 4-8 所示。

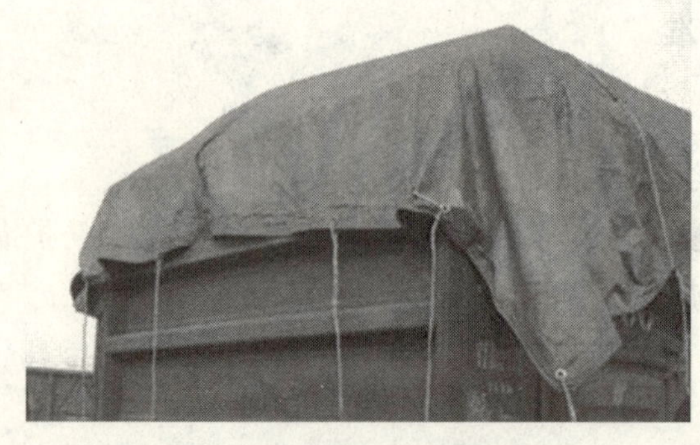

图 4-8 保持篷布下垂高度

3. 搭接折叠

①搭接处按运行最远方向顺向压缝（先上货车前进方向篷布），如图 4－9 所示。

图 4－9 篷布搭接压缝

②搭接部分有端绳时，端绳应包在篷布折叠处，并将折叠处篷布角绳、腰绳下垂于车侧。

③采用两折法折叠：将上层篷布向上回折不小于 1000 毫米，下层篷布压住上层篷布折叠部分（长度为上层篷布回折长度的一半），再将上层篷布向下层篷布方向折回一半，最后将折叠部分再向下层篷布方向折回，如图 4－10、图 4－11 所示。

图 4－10 两折法折叠

图 4－11 两折法折叠压缝

4. 篷布包角

①端部无压绳时，将篷布角绳拉紧，使篷布角向外侧展开呈三角形，布角两面压平后折向货车端墙，如图 4 - 12 所示。

图 4 - 12　篷布角绳拉紧包角

②端部有压绳时，将篷布角绳拉紧，使篷布角向内侧展开呈三角形，布角两面压平后折向货车端墙，在车辆两端严密包角如图 4 - 13 所示。理论效果如图 4 - 14与图 4 - 15 所示。

图 4 - 13　篷布包角

图 4－14　理论效果示意（1）

图 4－15　理论效果示意（2）

5. 篷布绳拴接

①所有篷布绳必须拴接于货车丁字铁上，不得捆绑在其他部位。

②篷布绳绕丁字铁一圈后采用回头花结法拴接在自身绳杆上，直至绳头余尾长度不超过 300 毫米并不短于 100 毫米时，再使用可开启篷布绳卡进行固定。

③中间折叠处的加固：车辆中部的篷布角（腰）绳分别向相对方向八字斜拉。

④两端篷布角绳的加固：沿货车端墙交叉后分别拴接在车辆端部的两丁字铁上。角绳经货车手制动闸台时，应从其上方通过；经闸杆、提钩杆时，应从其内侧穿过。

⑤两端篷布端绳的加固：分别垂直向下拉紧拴接在车辆端部的两个丁字铁

上，经提钩杆时，也应从其内侧穿过。

⑥两端篷布压绳的加固：应压住篷布包角拉紧，使篷布紧贴在车辆端墙上，分别捆绑在车辆侧部的第二个丁字铁上。

⑦篷布腰（边）绳的加固：应直拉拴接在车侧丁字铁上。装车时，弹力腰绳弹力部分的拉伸长度不小于 300 毫米。

⑧在货物不起脊时，应将腰绳从中间收起，使弹力棒紧靠眼圈，并将中间多余绳索折叠打两个死结后余尾用绳卡与自身绳杆捆紧。

四、篷布绳网苫盖

篷布绳网必须密贴篷布压实，并拴在丁字铁上，余尾用绳卡固定。

五、绳卡使用方法

将拴接后的绳尾拉紧贴在自身绳杆上，绳卡头印有标记面及齿面朝向外侧，离绳尾部 50 毫米处，将锁绳绕过绳尾和绳杆后从锁绳插槽底部向上穿出，并沿锁绳插槽方向拉紧，将卡绳端锁紧齿与压块上的齿啮合。

六、篷布的折叠与打包

（1）篷布正面向上平展铺开，留出两根端绳，将长度方向的两侧边折向篷布纵向中线。如图 4－16 所示。

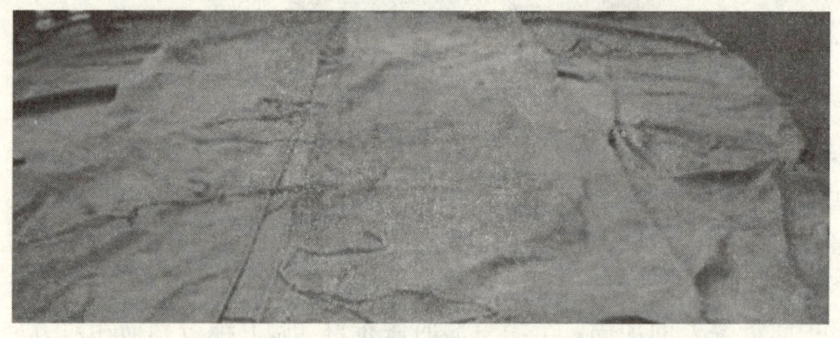

图 4－16　篷布折叠

（2）将已折好的两侧各分三等份，向着纵向中线连折两次。如图 4－17、图 4－18、图 4－19 所示。

图 4-17　篷布折叠（1）

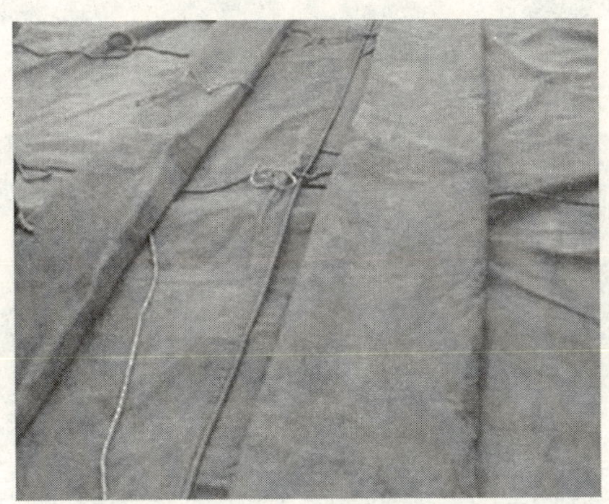

图 4-18　篷布折叠（2）

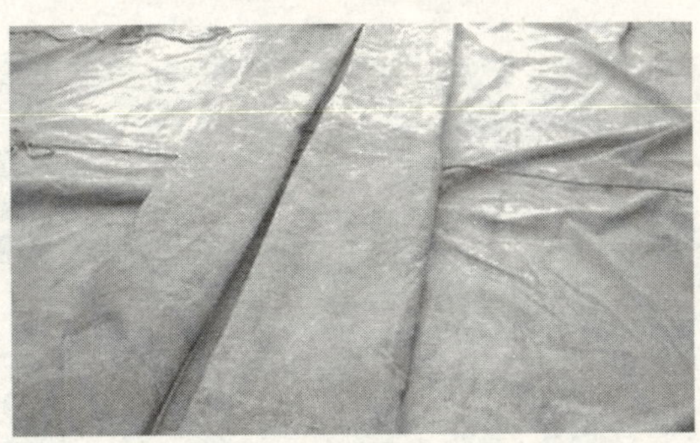

图 4-19　篷布折叠（3）

(3) 将篷布宽度方向的两侧边各向篷布横向中线折，然后，再各自连续向中间对折两次后踏实。折叠后的外形尺寸为（1000±50）毫米×（600±50）毫米×（300±50）毫米。如图 4-20、图 4-21、图 4-22 所示。

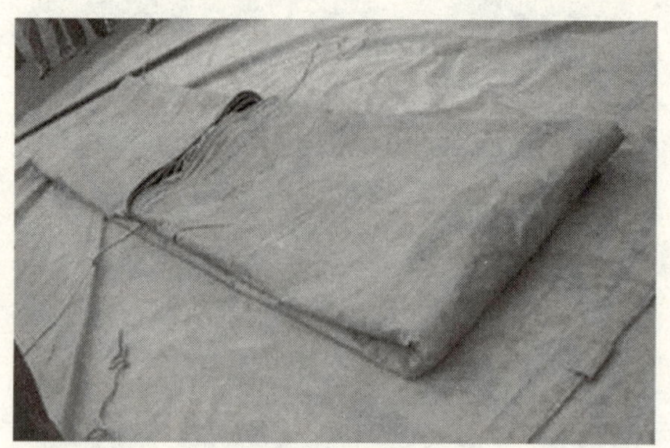

图 4-20　篷布折叠尺寸（1）

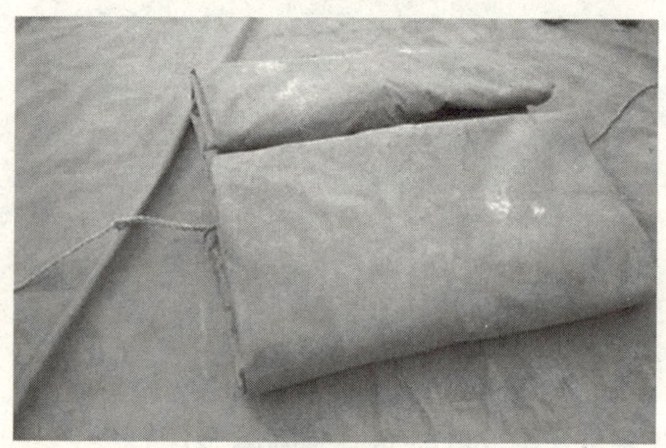

图 4-21　篷布折叠尺寸（2）

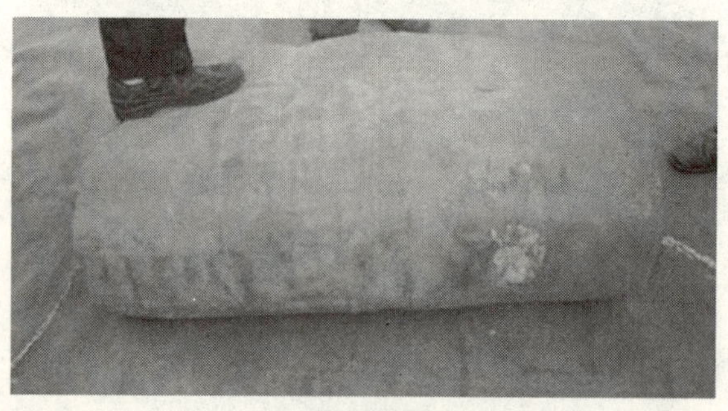

图 4-22　篷布折叠后要踏实

（4）预留绳打捆，两面捆十字，勒紧捆牢，绳头塞好，不应松动和绳扣脱落，不得拖拉。如图 4－23 所示。

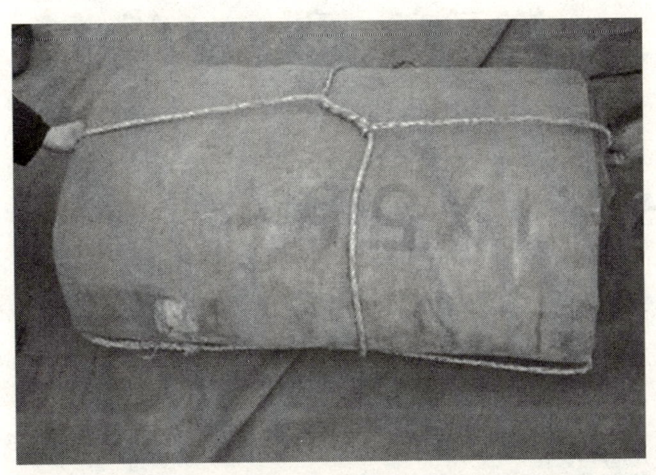

图 4－23　篷布折叠后捆绑

（5）叠后应完整清楚地露出篷布上的小路徽及篷布编号。

七、注意事项

（1）除篷布自带绳索和篷布绳网外，不得使用其他绳索捆绑篷布。

（2）铁路篷布不得与自备篷布混苫。

第五章　理　货

学习目标

通过本章学习，掌握理货的作用、内容及要求，熟悉理货作业流程，了解理货单证。

理货是随着水上贸易运输的出现而产生的，英文叫 Tally，其含义为计数用的筹码。最早的理货工作就是计数。现在，理货的工作范围已经发生变化，是指船方或货主根据运输合同在装运港和卸货港收受和交付货物时，委托港口的理货机构代理完成的在港口对货物进行计数、检查货物残损、指导装舱积载，制作有关单证等工作。

在物流配送中，理货是配送的一项重要内容，也是配送区别于一般送货的重要标志。理货包括货物分拣、配货和包装等经济活动。

第一节　理货的作用

外轮理货是对外贸易和国际海上货物运输中不可缺少的一项工作。它履行判断货物交接数字和状态的职能，对承、托双方履行运输契约，船方保质保量的完成运输任务，都具有重要意义。

外轮理货在一定程度上能够影响到船舶和货物的安全。在装船过程中，理货人员对货物积载富有监督指导的责任，而且要准确地反映在货物积载图上，因此，理货工作的好坏对保障航行安全和货物在运输途中的安全，具有十分重要的意义。

外轮理货是国家对外的一个窗口。理货人员在外轮上，工作时间长，接触船员广，他们的言行和工作代表了一个国家理货人员的素质，反映了一个国家和民族的精神面貌。

外轮理货在一定程度上能够影响到国家对外贸易的顺利进行和发展。出口货物，理货把最后一道关；进口货物，理货把第一道关。因此，它对于买卖双方履行贸易合同，按质按量地交易货物，促进贸易双方的相互信任，以及船公司经营航线的积极性，都具有重要意义。

第二节　理货的内容

一、补货

①检查商品有无条码。

②检查价格卡是否正确。

③商品与价格卡要一一对应。

④补完货要把卡板送回，空纸皮送到指定的清理地点。

⑤新商品需在到货当日上架，所有库存商品必须标明货号、商品名及收货日期。

⑥必须做到及时补货，不得出现在库存有空货架的现象。

⑦补货要做到先进先出。

⑧检查库存商品的包装是否正确。

⑨补货作业期间，不能影响通道畅通。

二、理货

①检查商品有无条码。

②货物是否正面面向顾客，整齐朝外边线码放。

③货品与价格卡一一对应。

④不补货时，通道上不能堆放库存商品。

⑤不允许随意更改排面。

⑥破损或拆包商品及时处理。

三、促进销售，控制损耗

依照公司要求填写“三级数量账记录”，每天定时准确计算库存量、销售量、进货量；及时收回零星商品；落实岗位责任。

四、价签、条码的打印和处理

五、清洁

六、整库、库存、盘点

第三节　理货作业管理

一、理货作业的要求和流程

（一）理货作业的要求

①价格标签干净正确。

②陈列的位置符合陈列图。

③陈列整齐并符合先进先出。

④商品标签、包装、保质日期是经检查合格的。

⑤零星商品归回正确的位置。

⑥缺货标签正确放置。

⑦破损包装的修复。

⑧陈列符合安全原则。

（二）理货作业的流程（见下图）

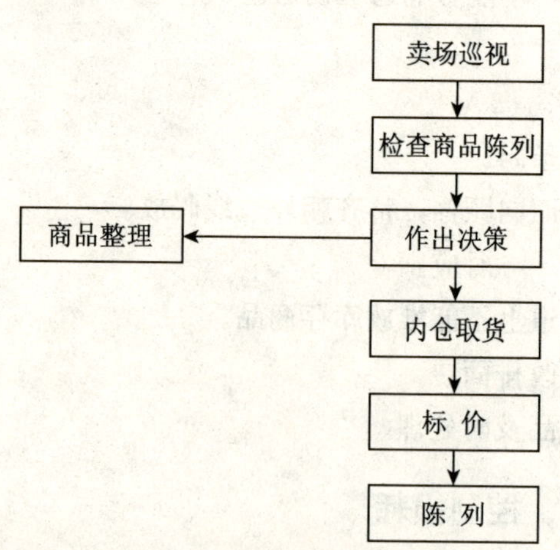

理货作业的流程

理货员在卖场巡视时，如不需要补货，可进行商品的整理作业，包括清洁商品、做好商品的前进陈列、检查商品的质量等。理货作业的流程如上页图所示。

在超级市场中，理货员是不与顾客进行直接交易的销售人员，理货员主要的服务方式是间接服务，但是，仍有很多机会与顾客接触。可以说，理货员工作的好坏，是影响销售额的重要因素。

二、理货员的主要工作职责

①熟悉自己责任区商品的名称、规格、用途、产地、保质期限、消费使用方法等。

②遵守超市仓库管理和商品发货的有关规定，按作业流程进行该项工作。

③掌握商品标价的知识，正确标好价格。

④掌握商品陈列原则和方法，正确进行商品陈列，同时，密切注视商品销售动态，及时补充商品。

⑤搞好货架与责任区的卫生，保证清洁。

⑥保证商品安全。

⑦对顾客的合理化建议要及时记录，并向门店店长汇报。

三、理货员作业流程管理

（一）领货作业流程管理

超市在营业中，陈列在货架上的商品在不断减少，理货员的主要职责就是去内库领货以补充货架。

①理货员领货必须凭领货单。

②理货员要在领货单上写明商品的大类、品种、货名、数量及单价。

③理货员对超市内仓库管理员所发出的商品，必须按领货单上的事项逐一核对验收，以免商品串号和提错货物。

对大型综合超市、仓储式商场和便利店来说，其领货作业的程序可能不反映在对内仓方面，而是直接反映在对收货部门和配送中心的送货人员方面。一旦完成交接程序，责任就完全转移到商品部门的负责人和理货员的身上。

（二）标价作业流程管理

每一个上架陈列的商品都要标上价格标签，以便顾客选购和收银员计价收款。这项作业动作很简单，几分钟内就可学会，一天内就能熟练操作，但标价的具体作业管理的要求很多，十分复杂。

目前，我国超级市场的价格标签分为四种类型：商品部门别标签，表示商品部门的代号及价格；单品别标签，表示单一商品的货号及价格；店内码标签，表示每一单品的店内码和价格；纯单品价格标签，只表示每一个商品的单价，无其他号码。

商品价格标签对超市搞好门店商品管理有很大的作用，主要表现在以下两方面：识别商品的部门分类和单品代号及商品销售、盘点和订货作业；识别商品售价，有利于商品周转速度的管理等。商品部门别标签、单品别标签和店内码标签一般都可以用条码的形式很快地通过电脑来设计和制作，此时，标价作业的重点则是“对号入座”，而对那些仍需用价码机来标价的超市就必须强调手工作业的管理与控制。

1. 标签打贴的位置

一般来说，超市内所有商品的价格标签位置应是一致的，这是为了方便顾客在选购时对售价进行定向扫描，也是为了方便收银员计价。我们常常发现在收银处，收银员不断翻弄商品寻找商品价格标签的现象，这就是标签打贴位置的不一致带来的，其大大降低了收银速度。标签的位置一般最好打贴在商品正面的右上角（因为一般商品包装右上角无文字信息），如右上角有商品说明文字，则可贴在右下角。

2. 几种特殊商品标签的打贴位置

①罐装商品，标签打贴在罐盖上方。

②瓶装商品标签打贴在瓶肚与瓶颈的连接方。

③礼品则尽量使用特殊标价卡，最好不要直接打印在包装盒上，因为送礼人往往不喜欢收礼人知道礼品的价格，购买礼品后他们往往会撕掉其包装上的价格标签，由此可能会损坏外包装，破坏了商品的包装美观，从而导致顾客的不快，这是理货员特别要注意的，应从细微之处为顾客着想。

3. 打价前要核对商品的代号和售价

核对进货单和陈列架上的价格卡，调整好打价机上的数码。

4. 价格标签纸要妥善保管

为防止个别顾客偷换标签，即以低价格标签贴在高价格商品上，通常可选用仅能一次使用的折线标签纸。

5. 商品价格调整

如价格调高，则要将原价格标签纸去掉，重新打价，以免顾客产生抵触心理。如价格调低，可将新标价打在原标价之上。每一个商品上不可有不同的两个价格标签，这样会招来不必要的麻烦和争议，也往往会导致收银作业的错误。商品的标价作业随着POS系统的运用，其工作性质和强度会逐渐改变和降低。标价作业的重点会向正确摆放标价牌的方向发展，频繁的打价码作业会不复存在，至多只有少量称重商品的店内码粘贴。现代技术对劳动强度的降低是显而易见的。

（三）商品陈列的作业流程

商品陈列作业是指理货员根据商品配置表的具体要求，将既定数量的标好价格的商品，摆设在规定货架的相应位置。

（四）补货作业流程管理

补货作业是指理货员将标好价格的商品，依照商品各自既定的陈列位置，定时或不定时地将商品补充到货架上去的作业。定时补货是指在非营业高峰时的补货。不定时补货是指只要货架上的商品即将售完就立即补货，以免由于缺货而影响销售。

补货作业流程如下：

卖场巡视—商品补充、商品整理—内仓取货（或货架上端取货）—标价—补货陈列。

1. 理货员在进行卖场巡视时，如不需补货可进行商品的整理作业

①清洁商品。这是商品能卖得出去的前提条件，所以，理货员在巡视时手中的抹布是不能离手的。

②做好商品的前进陈列。即当前面一堆的商品出现空缺时，要将后面的商品移到空缺处去，商品朝前陈列，这样既能体现商品陈列的丰富感，又符合商品陈列先进先出的原则。

③检查商品的质量。如发现商品变质、破包或超过保质期应立即从货架上撤下。

2. 理货员在补货上架时的作业流程

①先检查核对一下欲补货陈列架前的价目卡是否和要补上去的商品售价一致。

②补货时先将原有的商品取下，然后打扫陈列架（这是彻底清洁货架里面的最好时机），将补充的新货放在里面，最后将原有的商品放在前面，做到商品陈列也先进先出。

③对冷冻食品和生鲜食品的补充要注意时段投放量的控制。一般补充的时段控制量是：在早晨营业前将所有品种全部补充到位，但数量控制在预定销售额的

40%；中午再补充30%；下午营业高峰到来之前再补充30%。

第四节　理货单据

理货单证是指理货机构在理货业务中使用和出具的单证。理货单证是反映船舶载运货物在港口交接当时的数量和状态的实际情况的原始记录，因此，具有凭证和证据的性质。理货机构一般是公正性或证明型的机构，理货人员编制的理货单证，其凭据或证据具有法律效率。

一、理货单证的作用

①承运人与托运人或提单持有人之间办理货物数字和外表状态交接的证明。

②承运人、托运人、提单持有人以及港方、保险人之间处理货物索赔案件的凭证。

③船舶发生海事时，处理海事案件的主要资料。这里主要是指货物积载图的作用。

④港口安排作业，收货人安排提货的主要依据。这里主要是指货物实际积载图和分舱单的作用。

⑤船舶在航行途中，保管照料货物的主要依据。

⑥买卖双方履行合同情况的主要凭证。

⑦理货机构处理日常业务往来的主要依据。

二、理货单证的种类

①理货委托书（Application Fortally）。

②计数单（Tally Sheet），是理货员理货计数的原始记录。

③现场记录（On-The-Spot Ecord），是理货员记载货物异常状态和现场情况的原始凭证。

④日报单（Daily Report），是理货长向船方报告各舱货物装卸进度的单证。

⑤待时记录（Stand-By Time Record），是记载由于船方原因造成理货人员停工待时的证明。

⑥货物溢短单（Overlanded/Shortlanded Cargo List），是记载进口货物件数一致或短少的证明。

⑦货物残损单（Damaged Cargo List），是记载进口货物原残损情况的证明。

⑧货物积载图（Stowage Plan），是出口货物实际装舱部位的示意图。

⑨还有分港卸货单、货物分舱单、复查单、更正单、分标志单、查询单、货物丈量单合理或证明书等单证。

下　篇

操作篇

第六章　堆码作业

学习目标

1. 了解物品堆码的目的和要求。

2. 掌握物品堆码的几种形式，并能根据物品的性质、形状、轻重等因素，结合仓库储存条件，确定堆码形式，将物品堆码成一定的货垛。

3. 掌握物品堆码的标准。

第一节　堆码形式作业的确定

一、情景案例

宝洁公司是中国最大的日用消费品公司，许多品牌在各自的产品领域内都处于领先的市场地位。图 6－1 是宝洁集团某分销商仓库布局情况，可以发现该仓库分为以下几个区域：

（一）产品区域

①正常产品区。按品牌划分，玉兰油特别管理，产品隔离避免串味（三大类）。

②备货区。最靠近仓库大门，建议按送货路线备货。

③待处理区（退货和拒收）。

④残损品区。用红色的绳或带进行隔离，远离正常产品。

⑤机动区。严格按照排位管理，用机动区调配。

（二）工具区域

清洁工具，装卸工具、害虫控制设备或设施（灭蚊灯和老鼠胶），温湿度计、消防设施、地台板等。

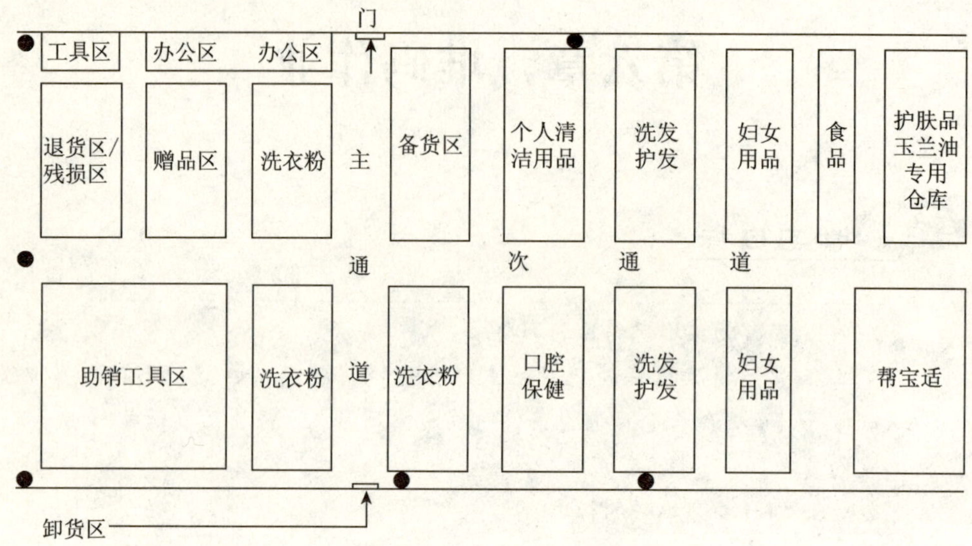

图 6-1 宝洁集团某分销商仓库布局

（三）助销工具区

包括促销品及宣传资料等。

（四）办公区

假设你是该分销商的仓库管理员，为了便于对商品进行维护、管理以及提高仓容利用率，本着“合理、牢固、定量、整齐、节约和方便”的基本要求，请你合理选择仓库内各种系列产品（含销售包装）的堆码形式，并做到易盘点、易搬运和安全，如图 6-2 所示。

（a）整齐堆码示意

（b）托盘堆码示意

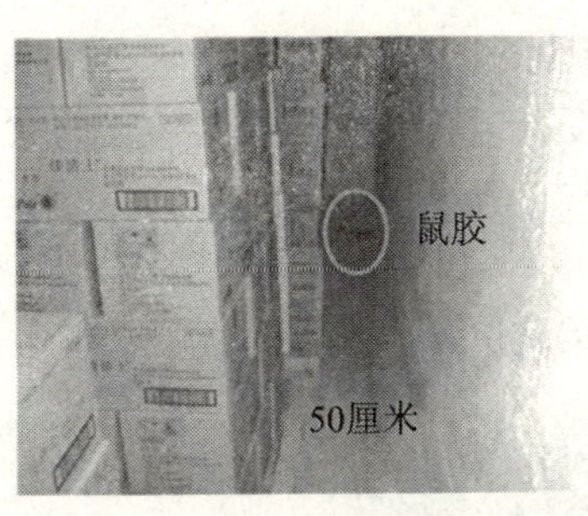

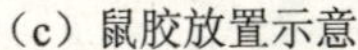
（c）鼠胶放置示意

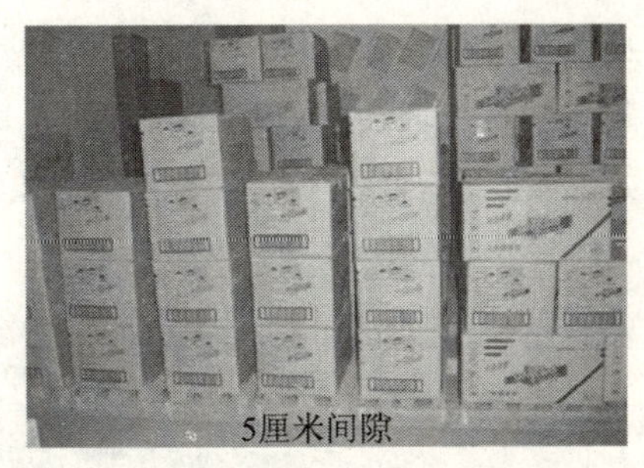

（d）间隔堆码示意

图 6-2　堆码形式及要求

二、使用设备、仪器、工具及资料

物流实验室（模拟仓库），模拟物品包括：440 毫米×335 毫米×105 毫米箱子 400 个；1000 毫米×500 毫米的编织袋 100 个，填充物若干；T 形、H 形、C 形钢各 30 根（可用塑料模型代替）；6 米的圆钢 20 根（可用相似的塑料棒代替）；直径 400 毫米高 800 毫米的桶状物 30 个；粉笔、卷尺、凳子若干。

三、技能训练步骤

（一）参考图例给出的样式进行货物堆码

1. 货架堆码法

货架堆码法是指把物资堆放在货架上的方法，适用于标准化的物资，带包装密度较小的物资，以及不带外包装的各种零星小物资。一般商业百货仓库主要用货架堆码法。如图 6-3 所示。

图 6-3　货架堆码法

2. 散堆法

散堆法是指散装堆放货物的方法，适用于没有包装的或不需要包装的大宗物资，如煤炭、砂石、小块生铁等。如图 6－4 所示。

图 6－4　散堆法

3. 堆垛法

堆垛法是指把物资堆码成一定垛形的方法，适用于有包装或裸装但尺寸较整齐划一的大件物资，如钢材的型钢、钢板等。一般储存金属材料的物资仓库主要用堆垛法。

堆垛法主要有以下形式，请分别模拟并亲自动手进行操作。

(1) 重叠式

堆码要领：逐件、逐层向上重叠堆码，一件压一件。该方法方便作业、计数。如钢板和箱装商品等货品质地坚硬，占地面积较大，不易倒塌，宜采用这种堆垛。如图 6－5 所示。

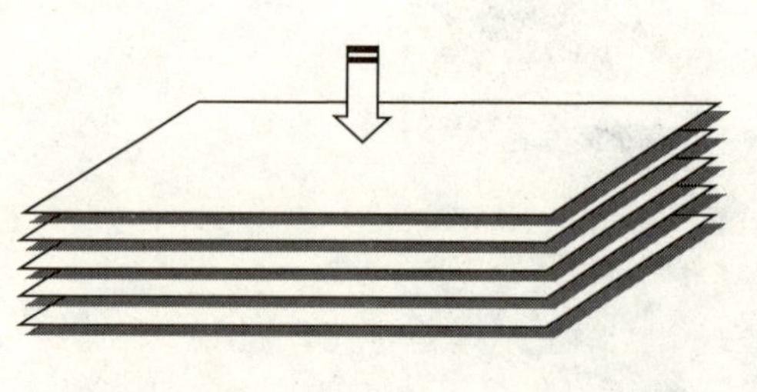

图 6－5　重叠式堆码

(2) 纵横交错式

堆码要领：适用于长短一致、宽度排列能和长度相等的物资，纵横交错堆码成方形垛。长短一致的锭材、管材、棒材、狭长的箱装材料，宜采用这种堆垛。如图 6－6 所示。

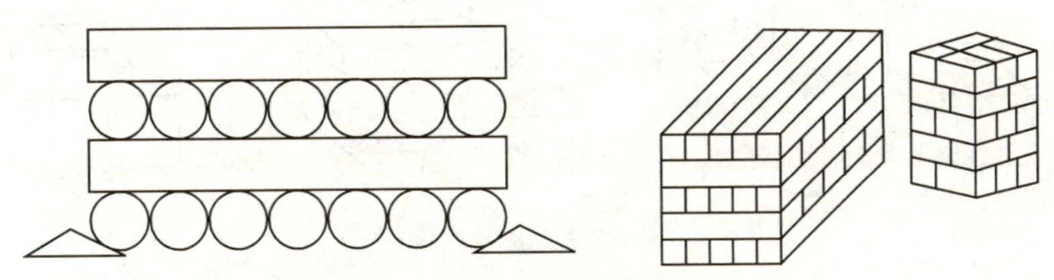

图 6－6　纵横交错式堆码

(3) 仰俯相间式

堆码要领：对上下两面有大小差别或凹凸的货物，如槽钢、钢轨、工字钢、角钢等，将货物仰放一层，在反一面俯放一层，仰俯相向相扣。在露天码此垛形，应一头稍高，以利排水。如图 6－7 所示。

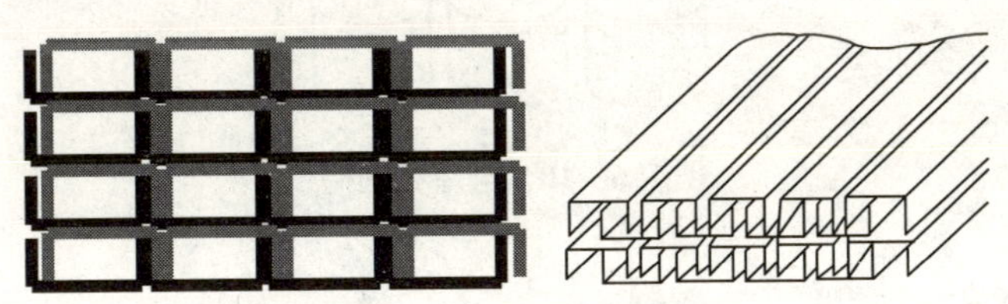

图 6－7　仰俯相间式堆码

(4) 压缝式

堆码要领：将垛底层排列成正方形、长方形或环形，然后起脊压缝向上码垛，适用于卷板、钢带、卷筒纸、卧放的桶装物资等。如图 6－8 所示。

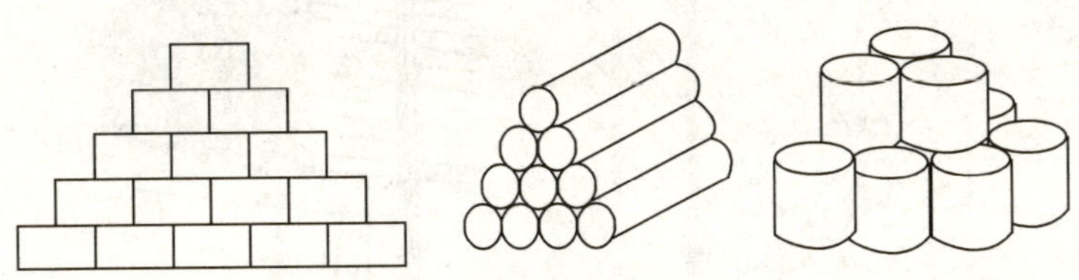

图 6－8　压缝式堆码

(5) 通风式

堆码要领：使用需要通风保管的商品，一定在商品之间留有空隙，以便通风。如图 6－9 所示。

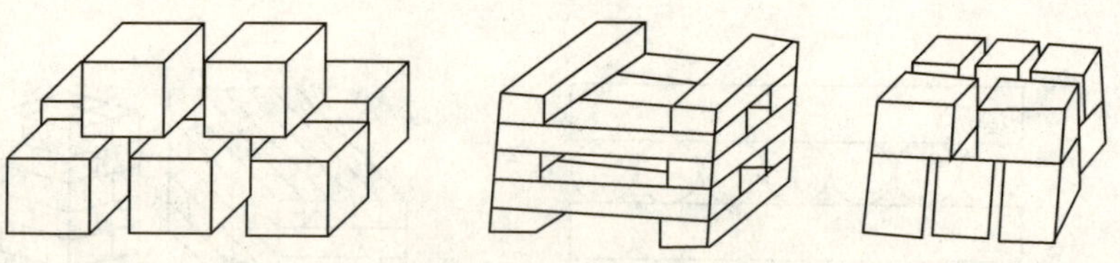

图 6－9 通风式堆码

(6) 宝塔式

堆码要领：在 4 件物品的中心上放物堆码，逐层缩小，适用于铁合金等桶装物资竖码。如图 6－10 所示。

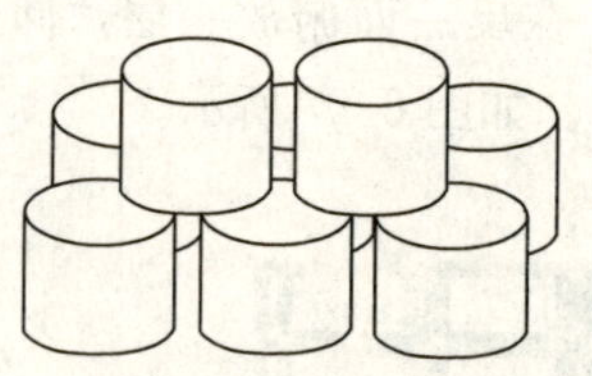

图 6－10 宝塔式堆码

(7) 栽柱式

堆码要领：在货垛的两旁各插上 2～3 根木柱或钢棒，然后将材料铺平在柱中，每层或隔几层在两侧对应的柱子上用铁丝拉紧，以防倒塌。适用于长条形的金属材料，如少量的圆钢、钢管、有色管棒材等。如图 6－11 所示。

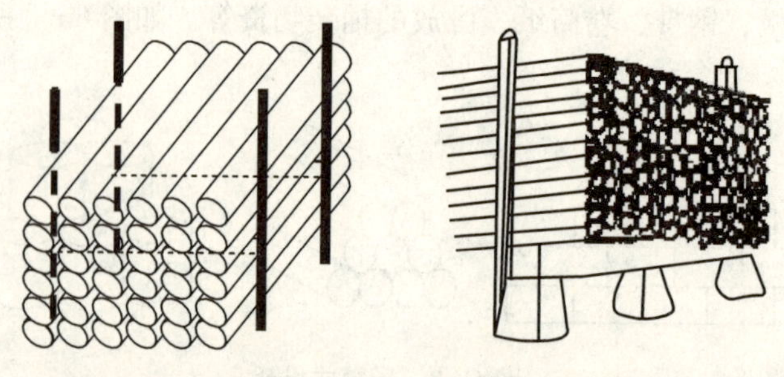

图 6－11 栽柱式堆码

(8) 衬垫式

堆码要领：该种堆垛方式在码垛时，在每层或每隔几层之间夹进衬垫物（如木板），衬垫物平整牢靠后，再往上码。它是利用衬垫物使货垛的横截面积平整，物资互相牵制，加强货垛稳定性的方法，如橡胶垛。如图 6－12 所示。

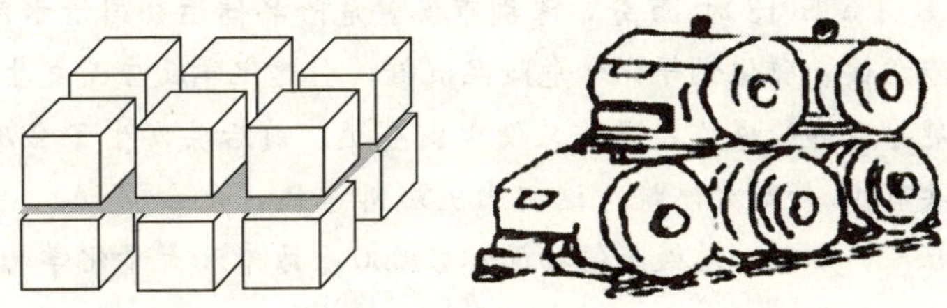

图 6－12　衬垫式堆码

(二) 堆码技巧——“五五化”堆垛

“五五化”堆垛就是以五为基本计算单位，堆码成各种总数为五的倍数的货垛，如梅花五、重叠五等，以五或五的倍数在固定区域内堆放，使货物“五五成行、五五成方、五五成包、五五成堆、五五成层”，堆放整齐，上下垂直，过目知数。便于货物的数量控制（如加快人工点数的速度，减少差错）、清点盘存。在前文的技能训练步骤（一）的堆码形式处理中，可以尝试采用“五五化”堆垛。如图 6－13 所示。

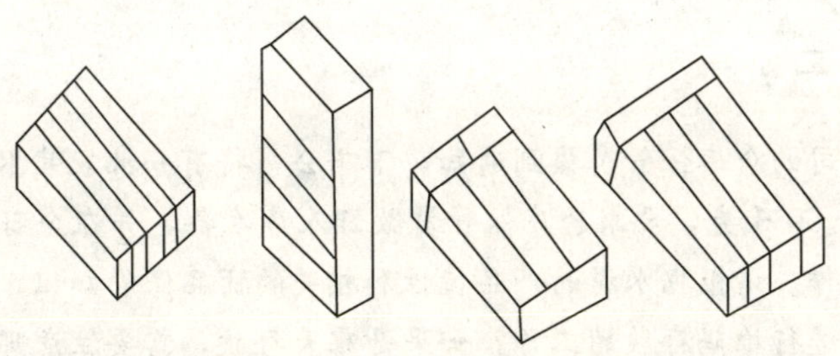

图 6－13　“五五化”堆垛

(三) 模拟堆码

模拟各种形式堆码的过程中，注意提高作业效率的方法，并注意人身安全。

货垛堆码必须满足仓库消防规定，不能倚靠墙柱，不能与屋顶照明设备接触，与墙、柱、顶、灯之间保留适当距离，货垛之间也不能挤得太近，并保证货垛堆码时避开排水沟。

（四）案例讨论

1993 年 8 月 5 日 13 时 15 分，深圳市安贸危险品储运公司清水河仓库 4 仓，因违章将过硫酸铵、硫化钠等化学危险品混储，引起化学反应而发生火灾爆炸事故。火灾蔓延导致连续爆炸，爆炸又使火灾蔓延。前后共发生了 2 次大爆炸，7 次小爆炸，共有 18 处起火燃烧。这起火灾爆炸事故，死亡 15 人，受伤 873 人，其中重伤 136 人，烧毁、炸毁建筑物面积 39000 平方米和大量化学物品等，直接经济损失约 2.5 亿元。

思考题：对于危险品堆码有哪些要求？

可参考以下的内容：

①一般堆码高度，液体商品以不超过 2 米，固体商品以不超过 3 米为宜，以利操作和防止倒垛。

②存放的怕潮商品，垛底应适当垫高，便于通风散潮。若在露天存放，更应垫高防水。

③根据商品性质，选择适宜苫垫物料。

④危险品的苫垫物料，必须分类专用和分别存放，不能用以苫垫其他商品，需要调剂使用的，要谨慎选择，并刷洗干净，晒干后再用。

某水泥公司的仓库保管员接到通知，下午公司将有一批袋装水泥入库，总共 1000 袋，每袋 50 千克，要求仓库保管员做好入库准备，并在今日完成该批水泥的堆码存放工作。请根据水泥的产品特性和相关的商品保管知识，说明对该批水泥产品应如何进行堆码存放的工作？如果是露天存放，需要注意哪些问题？

在物流实验室中准备一定数量的编织袋以及填充物若干，模拟袋装水泥。学生们可以在物流实验室内进行模拟袋装水泥的堆码练习。通过练习掌握物品堆码的方法，以及不同种类货物堆码的注意事项。同时，可以通过调整堆垛的高度、垛距、墙距的大小，来寻求堆垛设计的合理化。如图 6－14 所示。

图 6 - 14　水泥堆垛

操作的注意要点如下：

①水泥应按生产、品种、标号、批号分别堆垛，严禁混存。

②水泥必须保存在干燥的料库内，严防漏雨渗水。

③袋装水泥堆垛高度一般以 10 袋左右为宜，垛宽以 5～10 袋为限，一车一堆。垛堆之间应留有一定距离通道，以利于库内作业。垛堆距离墙壁不应少于 500 毫米，垛堆要求平稳整齐，便于点数。

④露天堆放时，应选择平坦、干燥的地点，搭建临时棚盖，四周挖好排水沟，垛底以垫木垫高，高出地面约 400 毫米，并在垫木上铺一层油毡或其他防潮材料，以防地下潮气侵入。

四、知识点总结

（一）货物堆存的基本原则

1. 分类存放

分类存放是仓库保管的基本要求，是保证货物质量的重要手段。包括不同类别的货物分类存放，甚至需要分库存放；不同规格、不同批次的货物也要分位、分堆存放；残损货物要与原货分开，放在原货堆边上。对于需要分拣的货物，在分拣之后，应分位存放，以免又混合。不同流向货物、不同经营方式的货物也要分类分存。

2. 适当的搬运活性、摆放整齐

为了减少作业时间、次数，提高仓库周转速度，根据货物作业的要求，合理选择货物的搬运活性。对搬运活性高的货物，也应注意摆放整齐，以免堵塞通道，浪费仓容。

3. 尽可能码高，货垛稳固

为了充分利用仓容，存放的货物要尽可能码高，使货物占用最少地面面积。尽可能码高包括采用码垛码高和使用货架在高处存放，充分利用空间。货物堆垛必须稳固，避免倒垛、散垛，要求叠垛整齐、放位准确，必要时采用稳固方法，如垛边、垛头采用纵横交叉叠垛，使用固定物料加固等。同时只有在货垛稳固的情况下才能码高。

4. 面向通道，不围不堵

面向通道包括两方面意思，一是垛码、存放货物的正面，尽可能面向通道，以便察看。货物的正面是指标注主标志的一面。二是所有货物的货垛、货位都有一面与通道相连，处在通道旁，以便能对货物进行直接作业。只有在所有货位都与通道相通时，才能保证不围不堵。

（二）堆垛的基本要求（见表 6-1）

表 6-1　　　　堆垛的基本要求

基本要求	具体内容
合　理	堆垛必须适合商品的性能特点，不同品种、型号、规格、牌号、等级、批次、产地、单价的商品，均应该分开堆垛，以便合理保管。应合理确定垛距和通道宽度，便于装卸、搬运和检查。垛距一般为 0.5～0.8 米，主要通道为 2.5～4 米
牢　固	货垛必须不偏不斜，不歪不倒，不压坏底层的商品和地坪，与屋顶、梁柱、墙壁保持一定距离，确保堆垛牢固安全
定　量	每行每层的数量力求成整数，每层应该明显分隔，标明重量，便于清点发货
整　齐	垛形有一定的规格，各个堆垛排列整齐有序，包装标志一律朝外
节　约	堆垛时，考虑节省货物和苫垫材料，提高仓库利用率
方　便	垛位、垛形都应方便装卸搬运、发放、盘点和检查等作业

（三）堆垛的设计

1. 货垛的垛高

货垛的垛高会直接影响仓库的容量、安全和货垛的稳定性。因此，在确定垛高时，要综合考虑仓库空间高度、仓库地坪设计载荷、货物自身特性和包装对垛高的要求以及方便搬运作业等要求。如图 6-15 所示垛高要符合顶距的要求。

图 6－15 货垛的垛高

实际货垛高度具体由仓库空间允许货垛高度、物品性能及包装允许堆高高度、地坪载荷允许货垛高度共同确定，同时考虑出库搬运作业的方便、及时性，这样才能在保证库场地坪安全以及货物本身不会损坏的前提下实现仓容利用的最大化。

2. 货垛的“五距”

物品的堆码要保持货垛的“五距”，即指墙距、柱距、顶距、灯距和垛距（见表 6－2），主要作用是通风、防潮、散热，保证货物安全、方便。

表 6－2 堆垛设计要求

堆垛设计项目	具体要求	
设计内容	垛基、垛形、货垛参数、堆码方式、货垛苫盖、货垛加固	
货垛“五距”	墙距（米）	0.1～0.5
	柱距（米）	0.1～0.3
	顶距（米）	0.5～0.9
	灯距（米）	不少于 0.5
	垛距（米）	0.3～0.5
	堆垛货垛时，不能依墙、靠柱、碰顶、贴灯；不能紧挨旁边的货垛，必须留有一定的间距。无论采用哪一种垛形，房内必须留出相应的走道，方便商品的进出和消防用途	
垛基设计	将整垛货物的重量均匀地传递给地坪	
	保证良好的防潮和通风	
	保证垛基上存放的物品不发生变形	

3. 仓库通道的宽度

仓库通道的宽度应根据物品体积的大小和作业机械的要求进行设计，通道一般包括主干道和支干道以及副道。主干道宽度一般为 2～3.5 米，不少于 1.5 米。通道转弯处的宽度，根据物品和作业要求可酌情考虑。叉车作业，其通道宽度可通过计算求得，当单元装载的宽度小于长度时，可利用下式计算：

$$W=R+D+L+C$$

式中：W——通道宽度（主干道或支干道）；

R——叉车外侧转弯半径；

D——货物至叉车轴中心线的距离；

L——货物长度；

C——叉车操作余量。

副道是供作业人员存取搬运物品的走行通道，其宽度取决于作业方式和货物的大小。一般情况下，副道的宽度为 0.5 米左右。如图 6-16 所示。

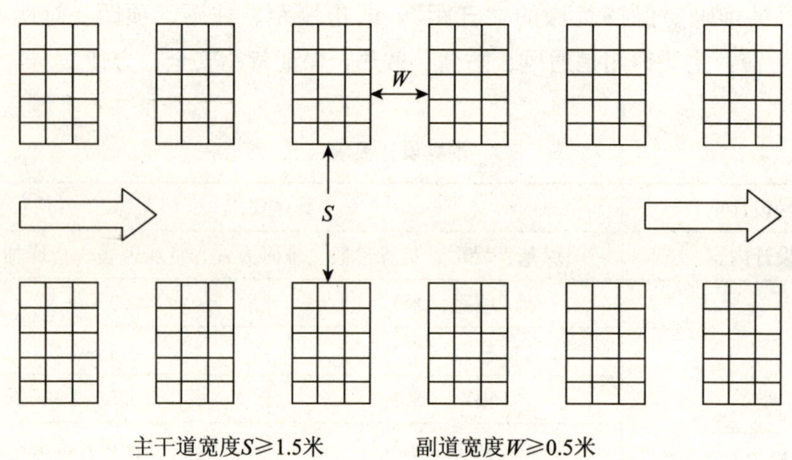

图 6-16　仓库通道宽度要求

五、技能训练评价

对学生的堆码形式作业评价具体如表 6-3 所示。

表 6-3　堆码形式作业考核评价评分

学生姓名					
测评日期			测评地点		
测评内容	堆码形式作业				
考评标准	内　容	分值（分）	自　评	互　评	师　评
	各种堆码形式的操作	60			
	“五五化”堆码操作	20			
	情景案例讨论	20			
合　计		100			
最终得分（自评 30%＋互评 30%＋师评 40%）					

说明：测评满分为 100 分，60～74 分为及格，75～85 分为良好，85 分以上为优秀。60 分以下的学生，需重新进行堆码形式作业方面知识的再学习、技能训练，直到评价与考核达到合格为止。

第二节　堆码方法的练习

一、情景案例

某第三方物流公司接到客户入库订单处理请求，该物流公司仓储核算部门核算员经过确认到货信息，主要包括订单号、货品名称及规格、数量、重量、体积以及到货日期等。具体如表 6-4、表 6-5 和表 6-6 所示。

表 6-4　中粮集团入库通知单

订单号	货品名称	规　格	数　量	SKU 包装单位	预计到货时间
A09010101	东北香米	30 千克/袋	60	袋	7：00
	东北大米	50 千克/袋	40	袋	

表 6-5　　华联公司入库通知单

订单号	货品名称	型　号	数　量	SKU 包装单位	预计到货时间
B09010102	美的微波炉	PJ21C－BF	200	箱	12：00
	格兰仕微波炉	WP700P21	200	箱	

表 6-6　　峰星集团入库通知单

订单号	货品名称	规　格	数　量	SKU 包装单位	预计到货时间
C09010103	NOKIA 7300	5 个/盒	30 盒	个	19：00
	NOKIA N73	3 个/盒	20 盒	个	

在办理入库手续、完成入库验收工作之后，就需要进行商品的堆码。假设你是一名仓库管理员，请你及时做好入库堆码准备：各种物品的具体堆码方法该如何选择？以便进行装卸、搬运、验收等后续工作。

二、使用设备、仪器、工具及资料

物流实验室（模拟仓库），模拟物品包括：堆码器具，1000 毫米×500 毫米的编织袋 100 个，填充物若干；360 毫米×164 毫米×360 毫米箱 400 个（或接近该尺寸）；212 毫米×155 毫米×67 毫米盒子 50 个，另有 1000 毫米×1200 毫米或 1200 毫米×1200 毫米的托盘若干个。

三、技能训练步骤

（一）储存空间的划分

首先，熟悉以上三张入库单中的货品；其次，根据货品的特性确定其存放的方式。如袋装的大米一般放入堆区；箱装的微波炉等中型电器放入立体存储区；包装较小的手机类放入托盘货架区。

（二）堆码空间的计算

根据物品计算方法的不同，其堆码空间计算可以分别采用以下三种方法：

1. 计重货物堆码空间

计重货物堆码空间可以根据仓储定额计算，计算公式为：

$$\text{堆码物品占用面积（平方米）}=\frac{\text{物品到货数量（吨）}}{\text{该种货物的仓储定额（吨/平方米）}}$$

如已知袋装大米的仓储定额为 0.8 吨/平方米，则订单号为 A09010101 的大米共 3.8 吨，其堆码占用面积为 4.75 平方米（即 3.8 吨除以 0.8 吨/平方米）。

2. 计件物品堆码空间

对于有外包装的计件货物，其堆码占用面积可用以下公式计算：

$$\text{堆码物品占用面积（平方米）}=\frac{\text{入库总件数}}{\text{允许堆码层数}}\times\text{单件物品底面积}$$

如美的微波炉 200 台允许堆码层数为 4 层，单件底面积为 0.3 平方米，则其占用面积为 15 平方米，即（200÷4）×0.3=15。

3. 上架物品摆放空间

对于放置于货架上的物品，其存放时所需占用货位的计算方法为：

物品所占货位=单个物品所占货位×物品数量

如 NOKIA 7300 每盒占货位数为 1/3，即每个货位可放 3 盒 NOKIA 7300。则 30 盒 NOKIA 7300 所占货位数为 10 个，即 1/3×30。

同理，NOKIA N73 每盒占货位数是 1/4，则 20 盒 NOKIA N73 所占货位数为 5 个，即 1/4×20。

（三）堆码方法的确定

在库区和堆码空间确定后，就可以根据物品的物品特性和外在环境确定堆码方式了。比如，堆区的大米，可以采用纵横交错式排放整齐；立体存储区中的微波炉，可以采用重叠式排放；托盘货架区中的手机，可以借助货架方式来排放。

（四）需要注意的问题

商品正式堆垛的时候，必须具备以下条件：

①商品的数量、质量已经彻底查清。

②包装完好，标志清楚。

③外表的玷污、尘土等已经清除，不影响商品质量。

④受潮、锈蚀以及已经发生某些质量变化或质量不合格的部分，已经加工恢复或者已经剔出另行处理，与合格品不混杂。

⑤为便于机械化操作，金属材料等应该打捆的已经打捆，机电产品和仪器仪表等几种可共同装箱的商品已经装入合用的包装箱。

四、知识点总结

（一）堆垛场地的要求

①库内堆垛——垛应该在墙基线和柱基线以外，垛底需要垫高。

②货棚内堆垛——货棚需要防止雨雪渗透，货棚内的两侧或四周必须有排水沟或管道，货棚内的地坪应该高于货棚外的地面，最好铺垫沙石并夯实。堆垛时

要垫垛，一般应该垫高30～40厘米。

③露天堆垛——堆垛场地应该坚实、平坦、干燥、无积水以及杂草，场地必须高于四周地面，垛底还应该垫高40厘米，四周必须排水通畅。

（二）货物存放的方法

1. 货架存放

货架存放适用于小件、品种规格复杂且数量较少，包装简易或脆弱、易损害、不便堆垛，特别是价值较高而需要经常查数的货物的仓储存放。货架存放需要使用专用的货架设备。常用的货架有：橱柜架、悬臂架、U形架、板材架、栅格架、钢瓶架、多层平面货架、托盘货架、多层立体货架等。

2. 散堆法

散堆法适用于露天存放的没有包装的大宗货物，如煤炭、矿石、河沙等，也可适用于库内的少量存放的谷物、碎料等散装货物。散堆法是直接用堆扬机或者铲车在确定的货位后端起，直接将货物堆高，在达到预定的货垛高度时，逐步后退堆货，后端先形成立体梯形，最后成垛，整个垛形呈立体梯形状。由于散货具有的流动、散落性，堆货时不能堆到太近垛位四边，以免散落使货物超出预定的货位。散垛法绝不能采用先堆高后平垛的方法堆垛，以免堆超高时压坏场地地面。

3. 堆垛法

堆垛法的基本形式及每种形式的特点如表6－7所示。

表6－7　　堆垛法的基本形式及特点

基本形式	特　点
重叠式	易于操作，四个角边垂直重叠，承载力大；但是层间缺少咬合，稳定性差，适用于自动堆码，需对托盘进行紧固
纵横交错式	层间有一定的咬合，不易塌垛；但是咬合程度不高，适用于正方形和自动堆码
仰俯相间式	商品仰俯相加，使得堆垛稳固
压缝式	由正方形或长方形形成的垛，其纵横断面成层脊形，适用于阀门、缸、建筑卫生陶瓷等物品
通风式	适用于需要通风保管的商品，商品间需要留有间隙
宝塔式	适用于电线电缆
栽柱式	多用于金属材料中的长条形材料，如圆钢、中空钢的堆码
衬垫式	适用于四方整齐的裸装商品，如电动机
另外，还有“五五化”堆垛、架式堆垛、鱼鳞式堆垛等	

（三）案例讨论

某第三方物流公司一仓库内墙长 42 米，宽 21 米，高 4.1 米，沿着宽方向的走道宽 2.6 米，沿着长方向的走道宽 1.8 米（走道在中间），库房长方向墙距 1 米，宽方向墙距 0.8 米，库内无柱子、间壁墙、扶梯及其他固定设施。现用该仓库储存一批海尔洗衣机（立着堆放），包装长 0.8 米，宽 0.6 米，高 1 米，毛重 50 千克，包装承压能力 110 千克，请问该仓库最多能储存多少台洗衣机？该批洗衣机入库以后，应该选择何种堆码方法进行存放？同学们可以准备若干纸箱，在物流实验室中进行模拟堆码实验。

五、技能训练评价

对学生的堆码方法评价具体如表 6－8 所示。

表 6－8　物品堆码方法作业考核评价评分

学生姓名					
测评日期			测评地点		
测评内容	堆码方法作业				
考评标准	内　容	分值（分）	自　评	互　评	师　评
	堆码空间计算	40			
	堆码方法的正确性	40			
	堆码操作	20			
合　计		100			
最终得分（自评 30%＋互评 30%＋师评 40%）					

说明：测评满分为 100 分，60～74 分为及格，75～85 分为良好，85 分以上为优秀。60 分以下的学生，需重新进行堆码方法相关作业知识的再学习、技能训练，直到评价与考核达到合格为止。

第三节 堆码作业操作

一、情景案例

天津某国际物流有限公司投巨资建设了天津空港国际物流区海关监管库，库区占地面积 4.6 万平方米，总建筑面积 2.5 万平方米。具有优越的地理位置，完备的监控系统和较大的库区规模。该公司主要服务于航空货物的仓储物流领域，为发展天津地区航空物流和货运业务，建设中国北方航空货运中心，乃至东北亚储运、分拣分拨中心奠定了基础。

公司新近有一批来自天津滨海新区外资企业的一批货物，具体包括某型号中型探测仪器 1000 台、高级化妆品颜料制剂 500 桶以及某国际运动名品 8000 件/套，假如你是该公司的仓库管理员，请你在分区作业前提下，给出具体的堆码作业操作。

二、使用设备、仪器、工具及资料

物流实验室（模拟仓库），模拟物品包括：堆码器具，1000 毫米×40 毫米×50 毫米箱 20 个，直径 400 毫米高 800 毫米的桶状物 10 个，6 米的横钢 20 根，1000 毫米×1200 毫米或 1200 毫米×1200 毫米的托盘若干个。

三、技能训练步骤

(1) 仓库信息员接受入库物料信息。

(2) 仓库信息员打印或者填写物料信息清单，如表 6-9 所示。

表 6-9　　物料信息清单

名 称	数 量
某型号中型探测仪器	1000 台
高级化妆品颜料制剂	500 桶
某国际运动名品	8000 件
……	……

(3) 仓库主管根据物料性能，外形等不同做好堆垛前的准备工作。

(4) 仓库管理员按照仓库主管要求进行货物堆垛。分别模拟纵横交错式、仰俯相间式、压缝式、通风式、宝塔式、栽柱式及托盘堆垛训练。

(5) 结合实际物品的情形，为该批货物选择合适的堆码作业操作方案。根据商品性能和货物堆码要求，选取合适的方法进行堆码。仪器和运动品一般为箱装，可以直接堆码也可以采用托盘存放，依实际情况而定。桶装货也可以有多种堆码方式。如图 6－17 所示。

图 6－17　托盘垫垛与桶装货堆垛

四、技能训练注意事项

堆码时要注意人身安全，防止垛倒伤及自己及其他人，并注意保持实验室的整洁卫生及实验器具的摆放。

五、技能训练评价

对学生的堆码作业操作评价具体如表 6－10 所示。

表 6－10　　堆码作业操作考核评价评分

学生姓名					
测评日期		测评地点			
测评内容	堆码作业操作				
考评标准	内　容	分值（分）	自　评	互　评	师　评
	堆码方法选择	40			
	堆码作业时间	20			
	堆码作业效果	40			
合　计		100			
最终得分（自评 30%＋互评 30%＋师评 40%）					
说明：测评满分为 100 分，60～74 分为及格，75～85 分为良好，85 分以上为优秀。60 分以下的学生，需重新进行堆码相关作业知识的再学习、技能训练，直到评价与考核达到合格为止。					

第七章　苫垫作业

学习目标

1. 了解物品苫垫的目的和要求。

2. 掌握物品苫盖和垫垛的几种形式，并能根据具体情形来确定。

3. 掌握物品苫垫的操作方法。

第一节　苫盖形式的确定

一、情景案例

某大型物流公司在海运港口附近拥有并经营着多个货物堆场，涉及木材、钢材、水泥等多种货物的海运进出口业务。为不断开辟新的货源，扩大货物通过量，公司在2008年先后建设了黄磷堆场、沥青煤焦堆场、硫黄堆场等危险货物露天堆场，2009年又新建了一个近6000平方米的烟花炮竹集装箱储存场。危险货物集装箱堆场实施封闭式管理，共设四条作业通道，堆场容量共380标准箱，在北侧设冷却喷淋水泵和废水处理间，危险货物堆场四周设洒水喷头。

假设你是该物流公司货物堆场的管理员，请根据不同货物的性能要求，合理选择苫盖材料和苫盖方法，以保护在堆场存放的货物质量不发生改变，并有利于节约成本和方便作业。

二、使用设备、仪器、工具及资料

物流实验室（模拟仓库），模拟物品包括：塑料布8000毫米×1000毫米；

席子 2000 毫米×800 毫米；油毛毡 20000 毫米×1000 毫米；铁皮、苫布若干；粉笔、凳子、卷尺若干。

三、技能训练步骤

（一）分别按照不同的类型堆垛，按照以下示意图选择不同的苫盖形式

1. 就垛苫盖法

苫盖要领：适用于对屋脊式堆垛（如压缝垛）和大件包装商品，它是将苫盖材料直接苫盖在商品之上。适用于起脊垛或大件包装货物。一般采用大面积的帆布、油布、塑料膜等。就垛苫盖法操作便利，但基本不具有通风条件。如图 7－1 所示。

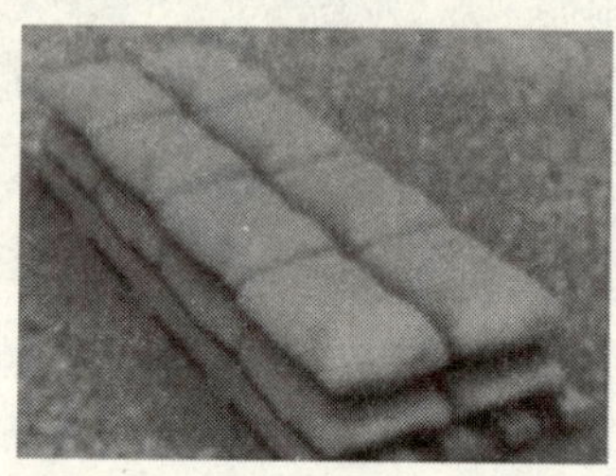

（a）苫盖前

（b）苫盖后

图 7－1　就垛苫盖法

2. 鱼鳞式苫盖法

苫盖要领：将苫盖材料自货垛底部逐渐向上围盖，从外形看呈鱼鳞状，如需垛内通风，可采用隔离板垫垛。该法一般采用面积较小的席、瓦等材料苫盖。鱼鳞式苫盖法具有较好的通风条件，但每件苫盖材料都需要固定，操作比较烦琐复杂。如图 7－2 所示。

（a）苫盖前

（b）苫盖中

（c）苫盖后

图 7－2　鱼鳞式苫盖法

3. 棚架苫盖法

苫盖要领：将苫盖物预置成一定的棚架进行苫盖，当货物堆垛完毕，移动棚架到货垛遮盖，或者采用即时安装活动棚架的方式苫盖。活动棚苫盖法较为快捷，具有良好的通风条件，但活动棚本身需要占用仓库位置，也需要较高的购置成本。如图 7-3 所示。

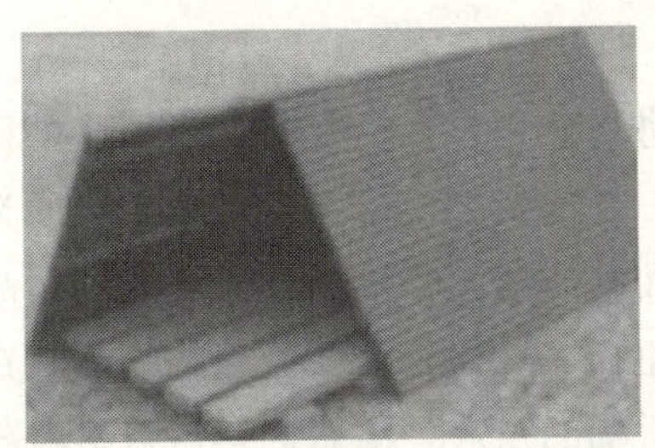

（a）苫盖棚架

（b）苫盖中

图 7-3　棚架苫盖法

4. 隔离苫盖法

苫盖要领：是将不同类型的货物在苫盖前分成不同区域，然后进行苫盖。如图 7-4 所示。

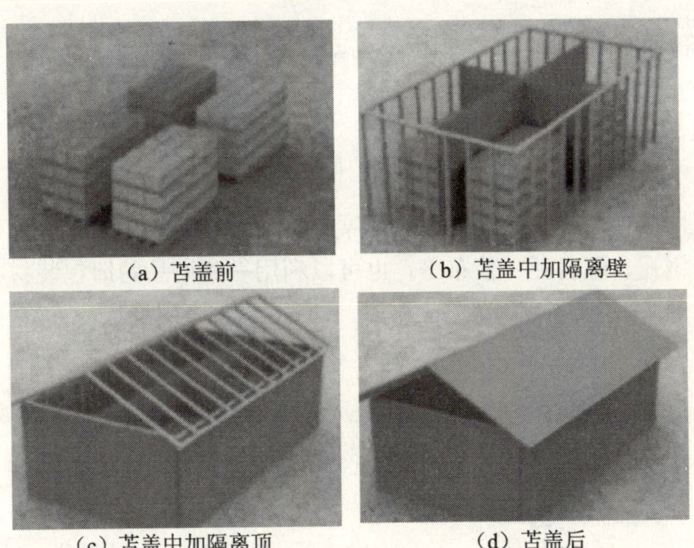

（a）苫盖前　（b）苫盖中加隔离壁

（c）苫盖中加隔离顶　（d）苫盖后

图 7-4　隔离苫盖法

（二）注意事项

作为仓库或堆场管理员角色的你，要注意苫垫材料的无害、低廉和耐用，例如，易燃易爆物品，则不能使用芦苇、油毡纸等材料，这些在模拟实验中要注意体会。

四、知识点总结

（一）苫盖技术

苫盖是指采用专用苫盖材料对货垛进行遮盖，以减少自然环境中的阳光、雨雪、刮风、尘土等对货物的侵蚀、损害，并使货物由于自身理化性质所造成的自然损耗尽可能减少，保护货物在储存期间的质量。特别是露天存放的物品在码垛以后，一般都应进行妥善的苫盖，以避免物品受损。需要苫盖的物品，在堆垛时应根据物品特性、堆存期的长短、存放货场的条件，注意选择苫盖材料和堆码的垛形。图 7－5 为利用塑料布进行物品苫盖。

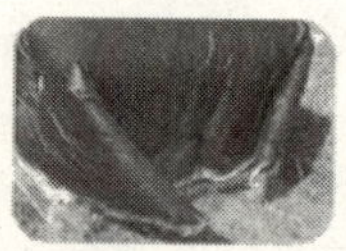

图 7－5　利用塑料布进行物品苫盖

1. 苫盖目的

为了防止商品直接受到风吹、雨打、日晒、冰冻的侵蚀，存放在露天货场的商品一般都需苫盖。

2. 苫盖材料

通常使用的苫盖材料有：帆布、芦席、竹席、塑料布、席子、油毡纸、铁皮铁瓦、玻璃钢瓦、塑料瓦、苫布等，也可以利用一些商品的旧包装材料改制成苫盖材料。如图 7－6 所示。

（a）塑料布

（b）席子

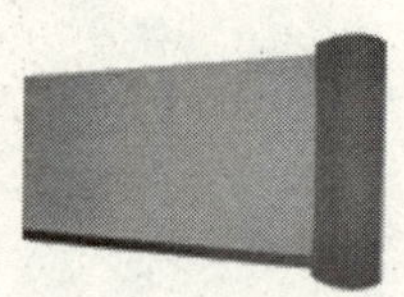
（c）油毡

（d）铁皮

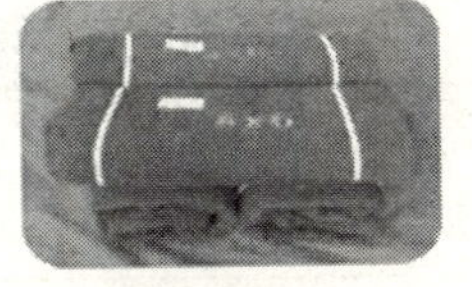
（e）苫布

图 7-6 各种苫盖材料

3. 苫盖方法

苫盖方法主要有以下几种：垛形苫盖法、鱼鳞式苫盖法、隔离苫盖法和活动棚架苫盖法。

（二）苫盖的要求

1. 选择合适的苫盖材料

选用符合防火、无害的安全苫盖材料；苫盖材料不能对货物产生不利影响；苫盖材料要成本低廉，不宜损坏，并能重复使用；苫盖材料要没有破损和霉烂。

2. 苫盖要牢固

每张苫盖材料都需要牢固固定，必要时在苫盖物外用绳索、绳网绑扎或者用重物压住，确保刮风时不被揭开。

3. 苫盖接口要紧密

苫盖的接口要有一定深度的互相叠盖，不能迎风叠口或留空隙；苫盖必须拉挺、平整，不得有折叠和凹陷，防止积水。

4. 底部与垫垛平齐

衬垫材料不腾空或拖地，并牢固地绑扎在垫垛外侧或地面的绳桩上，不露出垛外，以防雨水顺延渗入垛内。

5. 注意材质和季节

在使用旧的苫盖物时或雨水丰沛季节，垛顶或者风口需要加层苫盖，确保雨淋不透。

五、技能训练评价

对学生苫盖形式的确定评价具体如表 7-1 所示。

表 7-1　苫盖形式的确定考核评价评分

学生姓名					
测评日期		测评地点			
测评内容	苫盖形式的确定				
考评标准	内　容	分值（分）	自　评	互　评	师　评
	苫盖形式的确定	40			
	苫盖作业的效果	40			
	苫盖知识讨论	20			
合　计		100			
最终得分（自评 30％＋互评 30％＋师评 40％）					

说明：测评满分为 100 分，60～74 分为及格，75～85 分为良好，85 分以上为优秀。60 分以下的学生，需重新进行苫盖形式相关知识的再学习、技能训练，直到评价与考核达到合格为止。

第二节　苫盖方法的练习

一、情景案例

某钢铁公司需要出口一批优质条形钢材，如图 7-7 所示。物流公司在将该批钢材从钢铁公司的仓库接运后，运至露天堆场进行存放，等待装船。为了防止天气变化对该批钢材的品质造成影响，需要对这批货物进行苫盖。假设你是堆场工作人员，应该如何选择苫盖材料和方法对这批钢材进行苫盖？

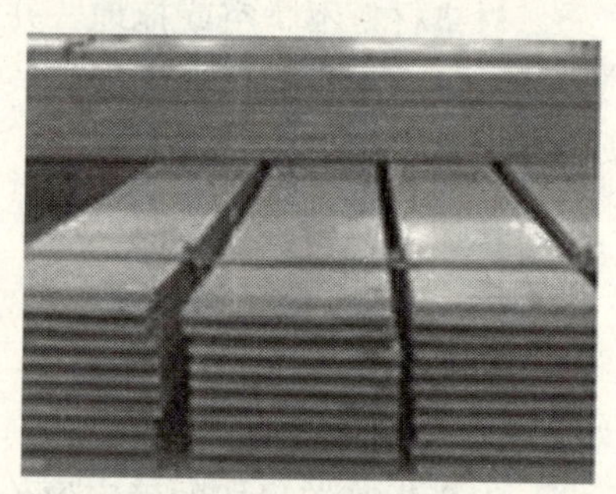

图 7-7　待苫盖钢材

二、使用设备、仪器、工具及资料

物流实验室（模拟仓库），模拟物品包括：塑料布、席子、帆布、油毡纸、铁皮、苫布等；纸箱、长纸板或木板若干；枕木、废钢轨、货板架。

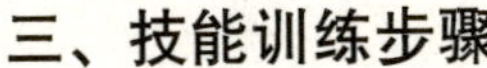

三、技能训练步骤

（一）货物堆码

将模拟物如长纸板或木板等按照要求进行堆码，保证货垛的整齐、牢固；同时，采用合适的材料进行垫垛。

（二）选择合适的苫盖材料和苫盖方法

由于该批货物为优质钢材，质量受到影响后必将对其价值产生重大影响，因此，应采用保护效果较好的苫盖方法。这里假设堆场采用席子来进行鱼鳞式苫盖法。

（三）对货垛进行苫盖

操作方法：先用新席两层打围，围席不能露出商品，不能拖地；货垛两头先用两层新席苫堵头，再苫两层披肩席；然后，苫鱼鳞席七八层，再苫一层袍席；苫好后用麻绳缝好，鱼鳞式苫盖即完成。

（四）试着进行其他苫盖方法的操作

比较就垛苫盖法和鱼鳞式苫盖法及其他方法，体会各种方法的不同之处。

四、技能训练评价

对学生的苫盖作业评价具体如表 7－2 所示。

表 7－2　　苫盖作业考核评价评分

学生姓名					
测评日期		测评地点			
测评内容	苫盖作业				
考评标准	内　容	分值（分）	自　评	互　评	师　评
	苫盖方法的选择	40			
	苫盖材料的选择及确定	20			
	模拟实验	40			
合　计		100			
最终得分（自评 30%＋互评 30%＋师评 40%）					
说明：测评满分为 100 分，60～74 分为及格，75～85 分为良好，85 分以上为优秀。60 分以下的学生，需重新进行苫盖作业相关知识的再学习、技能训练，直到评价与考核达到合格为止。					

第三节　垫垛形式的确定

一、情景案例

宝洁公司某分销商仓库虽然是单层仓库，但非常注重细节的设计，如图 7－8 和图 7－9 所示。比如，主通道设计为 1.5～2.0 米，确保两小车并行有余或足够移动地台板，次通道设计为 1.0～1.5 米，方便两边都可提取货物，提高效率。由于宝洁在产品运输包装和销售包装设计上的天衣无缝，使得仓库在垫垛地台板的选择上，变得非常简单。在该仓库中，均选择标准化了的地台板，统一为 1.0 米×1.2 米，既确保防潮上的要求，也便于规范装卸和储存运作，配合地牛或手动叉车，大批量备货时，还可以提高出库效率。在该仓库中，只适当地使用了小型货架，存放量少的产品，如玉兰油或沙宣，以提高仓库利用率。

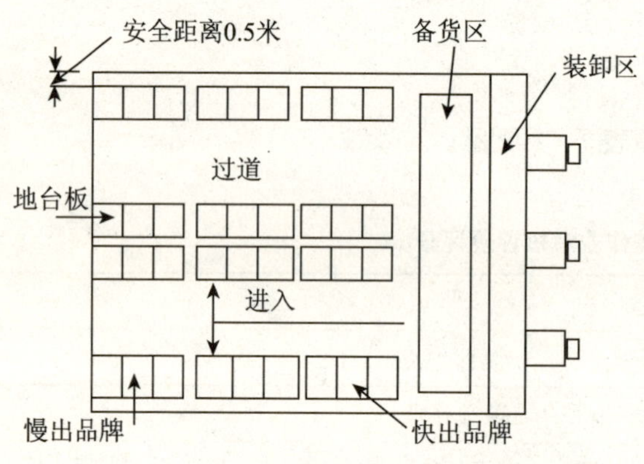

图 7－8　地台板的分布

图 7－9　垫垛地台板的使用

假设你是该分销商的仓库管理员，请你为仓库各区各产品系列选择合适的地台板或其他垫垛材料，并有利于节约成本和方便备货作业。

二、使用设备、仪器、工具及资料

物流实验室（模拟仓库），模拟物品包括：塑料布 8000 毫米×1000 毫米；席子 2000 毫米×800 毫米；油毛毡 20000 毫米×1000 毫米；地台板、枕木、废钢轨、货板架、木板、帆布、芦席、钢板等均可；粉笔、凳子、卷尺若干。

三、技能训练步骤

（一）选择垫垛形式

分别按照不同的类型堆垛，按如图 7－10 所示方式，选择不同的垫垛形式。

图 7－10　垫垛物

垫垛要领：垫垛物的选择跟物品的重量、形状、堆码和地坪的物理特性都有很大关系。

（二）注意重点

作为仓库管理员的你，要注意垫垛材料的无害、低廉和耐用，保证所使用的垫衬物与堆存物品不会发生不良反应且具有足够的抗压强度，这在模拟实验中要注意体会。

四、知识点总结

垫垛（如图 7－11 所示）就是在商品堆垛前，在预定的货位地面位置，根据货垛的形状、底面积大小、商品保管养护的需要、负载重量等要求，使用合适的衬垫材料，预先铺好垫垛物的作业。

图 7－11　垫垛

（一）垫垛的目的

使地面平整，堆垛货物与地面隔离，防止地面潮气和积水浸湿货物，并形成垛底通风层，有利于货垛通风排湿；地面杂物、尘土与货物隔离；货物的泄漏物留存在衬垫之内，不会流动扩散，便于收集和处理；通过强度较大的衬垫物使重物的压力分散，避免损害地坪。

（二）垫垛的基本要求

所使用的衬垫物与拟存货物不会发生不良影响，具有足够的抗压强度；地面要平整坚实、衬垫物要摆平放正，并保持同一方向；衬垫物间距适当，直接接触货物的衬垫面积与货垛底面积相同，衬垫物不伸出货垛外；衬垫物要有足够的高度，露天堆场要达到0.3～0.5米，库房内0.2米即可。

（三）衬垫材料

常见的衬垫物有：枕木、废钢轨、货板架、木板、水泥板、帆布、芦席、钢板、垫石、防潮纸等。

货板应采用标准尺寸。根据国际标准化组织（ISO）的规定，货板尺寸有800毫米×1200毫米，1200毫米×1600毫米，我国常用的有2000毫米×1200毫米，2000毫米×1100毫米，1800毫米×1100毫米等几种尺寸。

五、技能训练评价

对学生垫垛形式的确定评价具体见表7－3。

表7－3　垫垛形式的确定考核评价评分

学生姓名					
测评日期			测评地点		
测评内容	垫垛形式的确定				
考评标准	内　容	分值（分）	自　评	互　评	师　评
	垫垛形式的确定	40			
	垫垛作业的效果	40			
	垫垛知识讨论	20			
合　计		100			
最终得分（自评30%＋互评30%＋师评40%）					

说明：测评满分为100分，60～74分为及格，75～85分为良好，85分以上为优秀。60分以下的学生，需重新进行垫垛形式相关知识的再学习、技能训练，直到评价与考核达到合格为止。

第四节　垫垛方法的练习

一、情景案例

某第三方物流公司1号库新进了一批木箱的罐头食品200箱。每箱毛重20千克，箱底面积为0.2平方米，箱高0.2米，木箱上标志显示允许载受的最大压力为100千克，地坪承载能力为5吨/平方米，库房可用高度为4.0米，若不采用货架储存，假设你是一名仓库管理员，请确定该批货物的可堆高层数及货垛高度，以方便选择苫盖物的尺寸。在邻近的2号库需要存放一台自重30吨的设备，该设备底架为两条2米×0.2米的钢架。该仓库场货物单位面积质量5吨/平方米。问需不需要垫垛？如果需要使用，该公司正好有2米×1.5米、自重0.5吨的钢板作为垫垛材料，问如何使用？

二、使用设备、仪器、工具及资料

物流实验室（模拟仓库），模拟物品包括：罐头食品箱200箱、塑料布8000毫米×1000毫米、钢架、钢板、枕木、粉笔、卷尺、凳子若干。

三、技能训练步骤

（一）1号库垫垛

1. 计算各种情形下的可堆高层数

计算出货物单位面积质量＝20÷0.2＝100（千克/平方米）＝0.1（千克/平方米）

地坪不超重可堆高层数＝5÷0.1＝50（层）

库房不超高可堆高层数＝4÷0.2＝20（层）

货物木箱标志表示允许堆高层数＝100÷20＋1＝6（层）

2. 对比分析

由于允许堆高层数（6层）小于库房不超高可堆高层数（20层），也小于地坪不超重可堆高层数（50层）。故该批罐头食品堆垛作业最大的叠堆高度为6层。

货垛的高度为：6×0.2＝1.2（米），假如该仓库采用货架堆放，则最多可以堆高 20 层。

3. 苫盖塑料布的使用

在该种情况下，需要借助外力，做好苫盖工作，比如，再预留一定尺寸塑料布的长、宽、高等。

（二）2 号库垫垛

首先计算出货物对地面的压强为 30÷（2×2×0.2）＝37.5（平方米）。远远超过库场单位面积质量，故必须进行垫垛处理。

假设衬垫钢板为 n 块，根据重量（含衬垫重量）＝面积×库场单位技术定额

则为 $30+n\times0.5=n\times2\times1.5\times5$

$n\approx2.07$（块）

故需要使用三块钢板衬垫。将三块钢板平铺展开，设备的每条支架分别均匀地压在两块钢板之上。

（三）根据模拟物品的物品特性和实验手段，还可以设置其他形式的计算和验证

四、知识点总结

（一）货垛可堆层数和占地面积计算

1. 占地面积

占地面积＝（总件数÷可堆层数）×每件货物底面积

2. 可堆层数

单位面积重量＝单位货物重量÷单位货物底面积

可堆层数 1＝地坪单位面积最大承重÷货物单位面积重量

可堆层数 2＝（仓库高度－顶距－垫高）÷单位货物高度

可堆层数 3＝单位货物顶部最大承重÷单位货物重量

（二）案例讨论

已知某仓库高 6 米，底面最大承重 10 吨。现有一批货物，每货捆单元体积为 50 厘米×20 厘米×20 厘米，每单元货物毛重 20 千克，其中货物外包装箱的顶板最大承重为 400 千克。

试分析：

①该批货物如果进行仓储作业，每堆货物最多可以堆放几单元货物？

②如果有 4150 单位货物，占地面积至少是多少？

③如果这些货物都是纸质包装箱的电视机，那么，选择什么方式的苫垫？

五、技能训练评价

对学生的垫垛作业评价具体如表 7－4 所示。

表 7－4　　垫垛作业考核评价评分

学生姓名					
测评日期			测评地点		
测评内容	垫垛作业				
考评标准	内　容	分值（分）	自　评	互　评	师　评
	垫垛方法的选择	40			
	垫垛材料的选择及确定	20			
	模拟实验	40			
合　计		100			
最终得分（自评 30%＋互评 30%＋师评 40%）					
说明：测评满分为 100 分，60～74 分为及格，75～85 分为良好，85 分以上为优秀。60 分以下的学生，需重新进行垫垛相关作业知识的再学习、技能训练，直到评价与考核达到合格为止。					

第五节　苫垫作业操作

一、情景案例

北京某第三方物流企业拥有一座 5000 平方米平面仓库，主要为 Nike、Adidas、Puma、Lining 等客户提供仓储与日常配送业务。该公司在商业处理上，通过隔离不同的库区来达到分割品牌储存的结果。在采用纸箱运输包装的服装、鞋帽、袜子箱包等物品上，该公司采用直接堆放在水泥地坪上，造成了在拣选的过程中，灰尘、杂物的混入；运动器材也均采用直接堆放处理，没有进行任何垫垛和苫盖处理，所有这些均在部分程度上造成了退货频率的增加，以及客户和派驻代表对物流服务的不满。假设你是该公司的仓库管理员，请你为该公司在服装及器材等物品的苫盖作业操作上提供参考意见。

二、使用设备、仪器、工具及资料

物流实验室（模拟仓库），苫垫需要材料：塑料布、席子、油毡纸、铁皮、苫布等。

三、技能训练步骤

（一）仓库管理员接受入库物料信息

（二）仓库管理员打印或者填写物料信息清单（见表7-5）

表7-5　　物料信息清单

名　称	数　量	所属客户
服装1	5800件	Nike
服装2	1000件	Adidas
运动鞋1	600双	Puma
运动鞋2	500双	Lining
袜　子	……	……
箱　包	……	……

（三）仓库主管根据物料性能，外形等不同做好准备工作

①按进货的数量、体积、重量和形状计算货垛的占地面积和垛高，计划垛形。

②在计算占地面积，确定垛高时，必须注意上层商品的重量不可超过底层商品或其容器可负担的压力。整个货垛不能超过地坪的容许负荷。

③做好机械、人力、材料准备。

（四）垛底应打扫干净，放上必备的垫墩、垫木等垫垛材料

（五）根据需要和物料特性，再在货垛上面放些苫盖物

（六）通过对模拟物品的实验，再对情景案例中苫垫作业进行讨论，并提出合理的意见

（七）技能训练注意事项

在堆码前后，要注意人身安全，防止垛倒伤及自己及其他人。堆码前一定要

确定好垫垛的材料，堆码后要选择合适的苫盖材料，同时，要注意保持实验室的整洁卫生及实验器具的摆放位置。

四、技能训练评价

对学生的苫垫作业能力评价具体见表 7－6。

表 7－6　　苫垫作业能力考核评价评分

<table>
<tr><td>学生姓名</td><td colspan="5"></td></tr>
<tr><td>测评日期</td><td colspan="2"></td><td>测评地点</td><td colspan="2"></td></tr>
<tr><td>测评内容</td><td colspan="5">苫垫作业</td></tr>
<tr><td rowspan="4">考评标准</td><td>内　容</td><td>分值（分）</td><td>自　评</td><td>互　评</td><td>师　评</td></tr>
<tr><td>垫垛作业效果</td><td>40</td><td></td><td></td><td></td></tr>
<tr><td>堆码作业效果</td><td>20</td><td></td><td></td><td></td></tr>
<tr><td>苫盖作业效果</td><td>40</td><td></td><td></td><td></td></tr>
<tr><td colspan="2">合　计</td><td>100</td><td></td><td></td><td></td></tr>
<tr><td colspan="3">最终得分（自评 30%＋互评 30%＋师评 40%）</td><td colspan="3"></td></tr>
<tr><td colspan="6">说明：测评满分为 100 分，60～74 分为及格，75～85 分为良好，85 分以上为优秀。60 分以下的学生，需重新进行苫垫相关作业知识的再学习、技能训练，直到评价与考核达到合格为止。</td></tr>
</table>

第八章　理货作业

学习目标

1. 了解理货的目的和要求。
2. 熟悉理货作业流程。
3. 掌握理货技能。

一、情景案例

华联超市是中国连锁行业中一家知名的公司。至 2004 年年底，拥有连锁门店 1693 家，网点遍布上海、北京、江苏、浙江、安徽等十多个省市，建立了以长江三角洲为重点，以京沪两地为中心，向全国辐射发展的战略框架。超市经营范围包括：服装鞋帽，服饰系列配套商品，日用百货，工艺美术品，五金交电，文教用品，中西餐饮，仓储运输，经营进出口业务，建材、装潢材料，超市管理，食品，常用药品，粮食及其制品等。如图 8 - 1 所示。

图 8 - 1　华联超市

假设你是华联超市的理货员，为了使超市的商品及时上架以保证销售，你应该如何进行理货作业？

二、使用设备、仪器、工具及资料

物流实验室（模拟仓库），模拟物品包括：货架、纸箱、纸标签若干；矿泉水、可乐等饮料若干；牙膏、洗衣粉、洗洁精等日常用品若干。

三、技能训练步骤

（一）领货

随着销售的增加，陈列在货架上的商品在不断减少，理货员根据需要补货的商品种类和数量，去仓库领货以补充货架。

（二）标价

每一个上架陈列的商品都要标上价格标签，以便顾客选购和收银员计价收款。

（三）商品陈列

理货员根据商品配置表的具体要求，将一定数量的商品摆放在规定货架的相应位置。商品摆放应尽量美观，同时易于观察数量以便及时补货。

（四）补货

理货员应及时观察货架上商品的数量，依照商品各自既定的陈列位置，定时或不定时地将商品补充到货架上去。补货作业流程如下：卖场巡视—商品补充、商品整理—仓库取货（或货架上端取货）—标价—补货陈列。

四、知识点总结

（一）领货作业流程管理

在营业中，陈列在货架上的商品在不断减少，理货员的主要职责就是去内库领货以补充货架。

①理货员领货必须凭领货单。

②理货员要在领货单上写明商品的大类、品种、货名、数量及单价。

③理货员对内仓管理员所发出的商品，必须按领货单上的事项逐一核对验收，以免商品串号和提错货物。

对大型综合超市、仓储式商场和便利店来说，其领货作业的程序可能不反映在对内仓方面，而是直接反映在对收货部门和配送中心的送货人员方面。一旦完成交接程序，责任就完全转移到商品部门的负责人和理货员的身上。

（二）标价作业流程管理

每一个上架陈列的商品都要标上价格标签，以便顾客选购和收银员计价收款。

超市的价格标签分为四种类型：商品部门别标签，表示商品部门的代号及价格；单品别标签，表示单一商品的货号及价格；店内码标签，表示每一单品的店内码和价格；纯单品价格标签，只表示每一个商品的单价，无其他号码。

①标签打贴的位置。一般来说，超市内所有商品的价格标签位置应是一致的，这是为了方便顾客在选购时对售价进行定向扫描，也是为了方便收银员计价。标签打贴位置的不一致会大大降低收银速度。标签的位置一般最好打贴在商品正面的右上角（因为一般商品包装其右上角无文字信息），如右上角有商品说明文字，则可贴在右下角。

②几种特殊商品标签的打贴位置：罐装商品，标签打贴在罐盖上方；瓶装商品标签打贴在瓶肚与瓶颈的连接处；礼品则尽量使用特殊标价卡，最好不要直接打在包装盒上。

③打价前要核对商品的代号和售价。核对进货单和陈列架上的价格卡，调整好打价机上的数码。

④价格标签纸要妥善保管，为防止个别顾客偷换标签，即以低价格标签贴在高价格商品上，通常可选用仅能一次使用的折线标签纸。

⑤商品价格调整：如价格调高，则要将原价格标签纸去掉，重新打价，以免顾客产生抵触心理。如价格调低，可将新标价打在原标价之上。每一个商品上不可有不同的两个价格标签。商品的标价作业随着 POS 系统的运用，其工作性质和强度会逐渐改变和降低。标价作业的重点会向正确摆放标价牌的方向发展，频繁的打价码作业会不复存在，至多只有少量称重商品的店内码粘贴。现代技术对劳动强度的降低是显而易见的。

（三）商品陈列的作业流程

商品陈列作业是指理货员根据商品配置表的具体要求，将既定数量的标好价格的商品，摆设在规定货架的相应位置。

（四）补货作业流程管理

补货作业是指理货员将标好价格的商品，依照商品各自既定的陈列位置，定时或不定时地将商品补充到货架上去的作业。定时补货是指在非营业高峰时的补货。不定时补货是指只要货架上的商品即将售完就立即补货，以免由于缺货而影响销售。补货作业流程如下：卖场巡视—商品补充、商品整理—仓库取货（或货架上端取货）—标价—补货陈列。如图 8 - 2 所示。

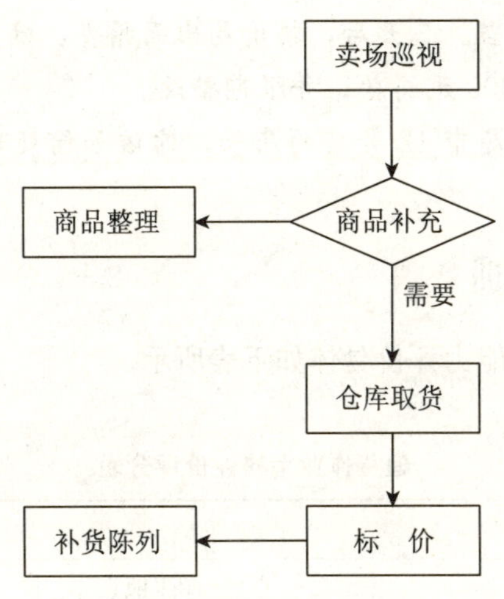

图 8-2　补货作业流程

①理货员在进行卖场巡视时，如不需补货可进行商品的整理作业。a. 清洁商品。这是商品能卖得出去的前提条件，所以理货员在巡视时手中的抹布是不能离手的，抹布就像士兵手中的枪一样重要。b. 做好商品的前进陈列。即当前面一堆的商品出现空缺时，要将后面的商品移到空缺处去，商品朝前陈列，这样既能体现商品陈列的丰富感，又符合了商品陈列先进先出的原则。c. 检查商品的质量。如发现商品变质、破包或超过保质期应立即从货架上撤下。

②理货员在补货上架时的作业流程如下：a. 先检查核对一下欲补货陈列架前的价目卡是否和要补上去的商品售价一致；b. 补货时先将原有的商品取下，然后打扫陈列架（这是彻底清洁货架里面的最好时机），将补充的新货放在里面，最后，将原有的商品放在前面，做到商品陈列先进先出；c. 对冷冻食品和生鲜食品的补充要注意时段投放量的控制。一般补充的时段控制量是，在早晨营业前将所有品种全部补充到位，但数量控制在预定销售额的 40%；中午再补充 30%；下午营业高峰到来之前再补充 30%。

（五）案例讨论

2004 年 11 月，安安连锁超市 12 号店被当地媒体曝光该超市“标低价，售高价”，称接到很多消费者投诉该超市：顾客在商品货架上看到的价签是一个价格，但往往在过收银台扫描时又是另外一个价格，而且往往是高价格，引起了顾客的

强烈不满，感觉受骗上当。三天后，物价局出面稽查，确实发现安安连锁超市存在此现象，当场处以5000元罚款，并限期整改。

如果你是安安连锁超市12号店的店长，你该如何处理此事？超市的理货员应该承担哪些责任？

五、技能训练评训

对学生的理货作业能力评价具体如下表所示。

理货作业考核评价评分表

学生姓名					
测评日期			测评地点		
测评内容	理货作业				
考评标准	内　容	分值（分）	自　评	互　评	师　评
	理货作业效果	40			
	补货作业效果	20			
	模拟操作	40			
合　计		100			
最终得分（自评30%＋互评30%＋师评40%）					

说明：测评满分为100分，60～74分为及格，75～85分为良好，85分以上为优秀。60分以下的学生，需重新进行理货相关作业知识的再学习、技能训练，直到评价与考核达到合格为止。

参考文献

[1] 霍红，刘莉．物流仓储管理［M］．北京：化学工业出版社，2009.

[2] 翟光明．仓储实务［M］．北京：中国财政经济出版社，2002.

[3] 张宏．商品知识［M］．北京：中国物资出版社，2006.

[4] 刘宇．理货管理实务［M］．北京：电子工业出版社，2007.